福建码头历史文化

薛晗 主编

初良勇 柴田 编

图书在版编目(CIP)数据

福建码头历史文化 / 薛晗主编；初良勇，柴田编．--福州：福建人民出版社，2024.3
　ISBN 978-7-211-09055-6

Ⅰ.①福… Ⅱ.①薛… ②初… ③柴… Ⅲ.①码头—文化史—福建 Ⅳ.①F552.9

中国国家版本馆CIP数据核字(2023)第185355号

福建码头历史文化
FUJIAN MATOU LISHI WENHUA

作　　者：	薛　晗　主编　初良勇　柴　田　编		
责任编辑：	陈　宽		
美术编辑：	林　玲		
责任校对：	陈　璟		
出版发行：	福建人民出版社	电　　话：	0591-87533169(发行部)
网　　址：	http://www.fjpph.com	电子邮箱：	fjpph7211@126.com
地　　址：	福州市东水路76号	邮政编码：	350001
经　　销：	福建新华发行（集团）有限责任公司		
印　　刷：	福建省金盾彩色印刷有限公司		
地　　址：	福州市金山浦上工业区D区24座		
开　　本：	787毫米×1092毫米　1/16		
印　　张：	10		
字　　数：	124千字		
版　　次：	2024年3月第1版	2024年3月第1次印刷	
书　　号：	ISBN 978-7-211-09055-6		
定　　价：	56.00元		

本书如有印装质量问题，影响阅读，请直接向承印厂调换。
版权所有，翻印必究。

前　言

在古代，码头又称渡口、渡头、埠头、津渡、道头、路头、浦头、泊船处等。按设置的经济来源，可分为官渡、义渡和民渡等。码头作为衔接陆上运输与水上运输的转运枢纽，在商贸活动中发挥了巨大的作用。福建的码头出现的历史很早，大大改善了本地区的交通条件，而且谱写了海上贸易的辉煌篇章。例如宋元时泉州万商云集，在天然礁石上筑起的江口码头，曾是外国商船入泉首站，大批货物经此集散。码头还是福建古代海洋商贸中心的珍贵例证，为考古学提供了实物依据。例如1974年后诸港发现的宋代码头和搬运货物的道路遗址；1982年在码头以东发现一处南宋时期废弃于江岸边的古船遗迹，佐证了宋元泉州造船技术的发达程度。这些海外交通遗物，是当时海上贸易繁盛的见证。

鸦片战争前，福建沿海没有适宜轮船靠泊的码头，只是利用自然坡岸或石阶靠泊船只，形成了众多的小道头。近代轮船出现后，均须寄泊江中，水上作业，依赖驳船盘转，在溪洪骤涨季节危险殊甚。清咸丰十一年（1861），闽海关在福州泛船浦海关大楼前建成海关码头。光绪六年（1880），英商太古公司在厦门岛美路头北侧建造太古趸船码头，随后其他洋行、商行也开始建造一些专用码头，大多是在原来古渡头、路头的基础上改造的，由建设者来管理。1932年至1936年，闽江工程处在台江至马尾段航道上共疏浚泥沙50万立方米，使千吨海轮可乘潮驶抵台江码头。1954年起，依据政务院《中华人民共和国海港管理暂行条例》，福建港区内的地方运力及专用码头实行统一管理。1961年起，依据国务院《关于加强航道管理养护工作的指示》，在福建修建码

福建码头历史文化

头须与交通、林业部门进行协商，不得破坏通航和木材流放。20世纪70年代后，港区内较大规模的货主码头相继建成，特别是改革开放后，水上运力增多，小码头不断涌现。1984年起，依据交通部《企业专用码头建设和管理试行办法》，福建港务监督部门对专用码头船舶靠离、危险品装卸等进行安全监督，各港内都设有专用码头管理处。

目前，福建省内外尚未有专门介绍码头历史文化的专著，给读者的查阅使用带来诸多不便。长期以来，涉及码头的相关资料散落于志书古籍或者交通大类工具书、全国范围的港口介绍中。码头蕴含的各种文化，如红色文化、海丝文化、商贸文化等缺乏较为系统的归集升华。近年来考古新发现与岛礁地名的更正和海岸带的变迁，也未能在早先出版的有关书籍中得到修正。

本书按照平均纬度从低到高的顺序，分别简要介绍了漳州、厦门、泉州、龙岩、莆田、福州、三明、宁德、南平在历史上发挥了一定作用的主要码头，力图用时空融合的手法再现重大历史事件，引用了大量翔实的史实资料，综合考虑码头在商贸发展中的作用，力求描绘出福建各时期码头的完整图景，展现海上交通史的考古新发现。同时，深入挖掘福建文化资源，聚焦福建文化、闽人智慧的重要历史文化价值。本文如同一位历史导游，将带领读者了解一段段与码头相关的历史故事。

本书旨在弘扬福建码头历史文化，传播社会科学知识，为历史研究提供实物依据，搭建码头文化的欣赏者、消费者与传承者之间的桥梁，古为今用，推陈出新，赋予福建传统文化鲜活的当代价值和现实意义，对于弘扬和传承码头历史文化、展示福建海事和航运的时代风貌具有现实意义。

编者

2023年5月

目 录

第一章　漳州码头／1

第二章　厦门码头／13

第三章　泉州码头／45

第四章　龙岩码头／76

第五章　莆田码头／87

第六章　福州码头／93

第七章　三明码头／126

第八章　宁德码头／132

第九章　南平码头／141

参考文献　／152

后记　／153

第一章　漳州码头

漳州水路交通资源丰富，渡口众多。渡口的置废兴衰，与历代道路交通的发展变化有紧密关系。据1993年《漳州交通志》载，清代境内共有古渡口132处。这些渡口大多是明清时期设置的。它们或分布于驿道、大路、乡道要津，或置于河岸市镇、港口水埠。在古代，隔江过河渡船的停靠点和运输船舶的停泊处统称渡口。渡运工具以舟楫居多，亦有少数排筏。渡口一般多置小舟，以单人摆渡者称舟渡，大者称渡船。渡船分为两种：一是接济过河的渡船，两人操舟，多置于官路、大路要津；二是从事客货运输，往返于内河、港湾或海岛之间的渡船，多以渡口称谓，如石美渡、海沧渡、石码渡、浮宫渡等。

据明代万历《漳州府志》载，明万历年间漳州渡口如表1-1所示。

表1-1　万历年间漳州渡口

地县	渡口
龙溪县	洋四渡、福河渡、西渡、鳌岛渡、蓬莱渡、香洲渡、松洲渡、浦头渡、西浦渡、碧湖渡、陈洲渡、上苑渡、马洲渡、马岐渡、绿石渡
漳浦县	南门渡、鹿溪渡、鸟碇渡、旧镇渡、港口渡、竹屿渡、云霄渡、陈平渡、杜㽗渡、井尾渡、比岐渡、佧翁渡
长泰县	东津渡、南津渡、朝京渡、鳌岛渡、洪沟渡、石灶渡、溪尾渡、欧马渡、石壁施渡、双溪渡、戴墘渡、三江溪渡、冯口渡、跳头渡、杨溪渡、颜甫陂渡、岩溪渡、谢潭渡、定方渡、溪口渡
南靖县	金山上社渡、金山下社渡、新圩渡、和溪渡、深渡、溪心渡、桥南渡、山城渡、水门渡

续表

地县	渡口
漳平县	浮桥渡、龙江渡、罗溪渡、南洋渡、盐场渡、黄猿渡、蓝家渡、南塔渡、南蛇渡、张滩渡、水南渡、语口渡、梅溪渡、水西渡、回龙渡
平和县	宝峰渡、清溪渡、平和渡、西浒渡、西门溪渡、麓溪渡、黄田溪渡、双溪渡、长富村溪渡、赤石岩渡、西林渡、坂仔渡、铜鼓溪渡
诏安县	横岭渡、平寨渡、洋林渡、洋尾渡、磁窑渡、渐山渡、海月渡
海澄县	龙堀渡、石浔渡、海沧渡、衙里渡、澳头渡、石美渡、丰田渡、浮宫渡、北溪渡、南门渡、浦头渡、鹿石渡、虎渡、檬浔渡、珠浦、田尾渡、新安渡、沙坂渡、嵩屿渡
陆鳌所	沙尾渡、竹屿渡、旧镇渡、铜山所云霄渡、杜寻渡、江头渡、苦港渡、陈平渡、磁窑渡、吴口渡、玄钟所南澳渡、宫口渡

据清代《道光重纂福建通志》载，清道光年间漳州渡口如表1-2所示。

表1-2　道光年间漳州渡口

地县	渡口
漳州县	西渡、浦头渡、绿石渡、浮宫渡、镇门渡、福河渡、石码渡、汐浦渡、郭坑渡、鳌岛渡、蓬莱渡、芗江渡、松洲渡、香洲渡、涵口渡、西浦渡、碧湖渡、陈洲渡、上阪渡、马洲渡、马岐渡、霞里渡、湘桥渡、澳头渡、乌礁渡、石美渡
漳浦县	鹿溪渡、鸟空渡、苦竹渡、旧镇渡、云霄渡、北岐渡、铜山渡、井尾渡、梅林渡、竹屿渡、杜寻渡、仵翁渡、陈平渡、沟头渡、沙尾渡

续表

地县	渡口
海城县	榕川码渡、溪边渡、海沧渡、衙里渡、新安渡、沙阪渡、溧水渡、吾贯渡、东坑渡、坑渡、赤石渡、嵩屿渡、青浦渡、岛尾渡、后石渡、浮宫渡、蔡家渡、丰田渡、虎渡、新渡、檬林渡、珠浦渡、田尾渡、龙窟渡、石浔渡、崎尾渡
南靖县	湖山渡、船场渡、龟洋渡、水门渡、桥南渡、山城渡、沥水渡、龟仔寨渡、深渡、金山上社渡、金山下社渡
长泰县	东津渡、南津渡、朝京渡、鳌岛渡、双溪渡、戴乾渡、三江溪渡、溪尾渡、洪沟渡、龟渡、颜甫陂渡、欧马渡、石壁施渡、凤口渡、跳头渡、杨溪渡、岩溪渡、高濑渡、定方渡、溪口渡、赤岭渡
平和县	宝峰渡、清溪渡、溪浒渡、铜鼓溪渡、阪仔渡、双溪渡、坪回渡、西门溪渡、长富村溪渡、赤石岩渡、芦溪渡、西林渡、黄田溪渡
诏安县	屿头渡、横岭渡、玄钟南澳渡、玄钟渡、洋林渡、港口渡、海月渡、长沙尾渡、下傅渡、磁窖渡、中渡、前吴渡、高陈渡、古港渡、江头渡、北门渡、平寨渡、洋尾渡
漳平县	龙江渡、罗溪渡、南洋渡、盐场渡、大菁夜渡、石龟头渡、东坑口渡、下折渡、产盂葛渡、鱼龙津乡水尾林口渡

一、陈平渡

陈平渡又称八尺门、戚伯渡、陈坪渡、东平渡，在东山县北端。据《福建通志》载，唐总章二年（669），陈政、陈元光率领中原府兵开拓闽南，驻兵云霄火田村，后奏朝廷置怀恩县并设漳浦县。东山岛日益兴盛，人们将渡口称为陈平渡。其航线至云霄县陈岱。原古渡宽

万历《全海图注·福建沿海图》之陈平渡

580米,深19米。①

此后,历代均在陈平渡设关卡。明洪武二十年(1387),周德兴奉旨经略海防,在铜山所设墩台3座——泊浦、陈平渡、瞭望。② 洪武二十七年(1394),为防倭寇,在东山县杏陈镇后林村设置陈平渡把截所,构筑烟墩炮台。郑成功驻兵铜山时,在此增建营盘碉堡,称八尺门城堡。嘉靖四十三年(1564),戚继光率兵进东山抗倭,俗称戚伯渡。③ 清顺治十三年(1656),贝勒遣提督马得功带兵由云霄渡江袭取铜山。康熙三年(1664),清廷在渡口筑8尺高的界墙炮台,改名八尺门。④

明万历《漳州府志》在"关隘"中所列诏安县把截所中仍有"陈平渡把截所,五都",在"墩台"中所列铜山所墩台3座也有"陈平渡"。《坊里志·津渡中》的铜山所也载:"陈平渡,云霄陆行四十里至此,乃五都后林地,漳浦编渡……登岸至所(铜山所)二十里。"《读

---

① 谭培根主编,涂志伟著:《台湾涉漳旧地名与聚落开发(上)》,厦门大学出版社2012年版,第405页。

② 江玉平主编,王文径等编著,中国人民政治协商会议福建省漳州市委员会编:《漳州涉台文物》,厦门大学出版社2011年版,第242页。

③ 谭培根主编,涂志伟著:《台湾涉漳旧地名与聚落开发(上)》,厦门大学出版社2012年版,第405页。

④ 同上书,第278页。

史方舆纪要》载:"三面环海为濠,惟西面行二十里,始逾陈平渡。"《海岛礁屿和沿海水途》载:"渡八尺门即铜安营,防守属漳浦诏安交界。"清林树梅《闽海握要图说》载:"渡八尺门即铜山营","其与内地诏安之悬钟铜山对渡者为凤山县。"

1961年6月,八尺门海堤竣工通车,使东山与大陆相连而成半岛。① 1973年,八尺门海堤上又筑57座向东渠渡槽墩,云霄淡水通过渡槽墩引入东山。2021年11月29日,历经60年的八尺门海堤全线破堤,功成身退,东山湾、诏安湾实现海域贯通,东山县也由半岛变回全岛。东山县规划修建纪念馆,保留遗迹,收纳关于八尺门的影像、历史资料。

明刘崧《入东平渡北关外长桥见采樵冰上者》诗云:"桥跨平湖一境开,群鸥欲下正徘徊。萧萧芦苇层冰上,犹有樵人踏雪来。"②

古舆地图和航海图中,万历《全海图注·福建沿海图》描绘了陈平渡,康熙《福建海岸全图》、雍正《海国闻见录》、光绪《福建内地府州县总图》、道光《七省沿海全图》、道光《福建全省总图》、康熙《皇舆全览图》分省图、乾隆《中华沿海形势全图》都描绘了八尺门,明代《福建海防图》描绘了东平渡。

二、浦头大庙码头

浦头大庙码头也称浦头渡,在芗城区巷口街道浦头港北侧。万历《漳州府志》载有浦头渡。乾隆《漳州府志》载,浦头渡在城东南5里许,通厦门、海澄、石码各处。浦头港现有5个码头:甘薯馆码头、

---

① 黄江辉主编:《海韵东山》,海峡文艺出版社2009年版,第13页。
② [明]刘崧:《钦定四库全书·槎翁诗集》,卷八,中国书店出版社2014年版,第77页。

浦头大庙码头、米市仔码头、柑仔市码头、文英楼盐鱼市码头。

清康熙二十三年（1684）厦门设立海关正口，石码在浦头港设立税哨口，为漳州最早的海关机构。康熙四十六年（1707），福建提督蓝理回漳扩建浦头港，使之成为九龙江流域商品集散的重要码头，促进了漳州府城东部的发展。[①]

浦头大庙大堂高悬一匾"江汉以耀"，是清初蓝理手书。大庙西墙外有明万历十年（1582）"大庙码头"碑。浦头大庙现存乾隆十年（1745）的"奉宪严禁"碑，及道光十一年（1831）的"尤溪县正堂陈示禁"碑。庙口东侧有道光十二年（1832）"厦关税行公启"碑，左廊嵌"清乾隆庚申年檀越蓝公讳理神位"石刻一方，并供蓝理神像。

"大庙码头"碑

三、月港码头

月港码头在海澄镇豆巷村。据1998年《福建省交通志》载，月港溪尾不足千米的海岸，设有7个码头：饷馆码头、路头尾码头、中股码头、容川码头、店仔尾码头、阿哥伯码头、溪尾码头，其他尚有内港码头多处，皆为石砌坡式的小道头。

饷馆码头在海澄镇月溪与九龙江交汇处东侧，是当年外船申报、办理进出港手续的临时停泊处。码头用条石砌成台阶结构，伸入月溪，现存台阶5级，长6米，宽2米。1920年改建为海澄客运码头。清康

---

① 苏文菁总主编，郑镛主编：《闽商发展史·漳州卷》，厦门大学出版社2016年版，第127页。

熙二十三年（1684）在厦门设海关，正式取代了月港的对外贸易地位，内河、近海的水运中心也向漳州府靠拢而移至石码港。1922年拆除海澄旧城，修建港口江岸，在古饷馆码头处兴建一座石栈桥式踏步码头，长23米，宽3.9米。1956年在码头兴建一座客运站，内设候船室、售票处，为客运专用码头。1972年在客运码头侧面建一座坡式码头，长25米，为货运和渡船码头，左侧有一个简易渡头。

路头尾码头在海澄镇月溪与九龙江交汇处西南角，与饷馆码头隔月溪相望，是外船在内港的停泊处。清初施琅水师驻扎于此，建有港边花园，有"花坛内"之称。[1] 码头用条石砌成台阶结构，呈弧形，现存台阶10级，长20米，宽2米。

中股码头在海澄镇豆巷村港口社、九龙江南岸、路头尾码头之西，是搬运豆筛上船的码头。码头用条石砌成台阶结构，建有高码头和低码头，高码头砌石8层，高低码头相距5米。

容川码头在海澄镇豆巷村溪尾社、九龙江南岸、中股码头之西。万历年间，由蔡志发（蔡容川）捐资所建，故名。[2] 码头用条石砌成台阶结构，埠头甚大，历经多次修筑，现长31米，宽3.4米。新中国成立后为港口农运码头。容川码头旧址有一道石板路伸入江中。

店仔尾码头在海澄镇豆巷村溪尾社店仔尾、九龙江南岸、容川码头之西，是内航货船码头。码头用条石砌成台阶结构，现存长3米，宽2米。

阿哥伯码头在海澄镇豆巷村溪尾社、九龙江南岸、店仔尾码头之西。码头岸顶原为溪尾铳城，为船舶接受驻军检查的停泊点。码头用条石砌成台阶结构，现存长10米，宽2米。

---

[1] 国家文物局主编：《中国文物地图集·福建分册（下）》，福建省地图出版社2007年版，第234页。

[2] 厦门市科学技术协会编：《厦门旅游资源》，1983年版，第26页。

溪尾码头在海澄镇豆巷村溪尾社、阿哥伯码头之西，是内地船舶主要停泊处。码头用条石砌成台阶结构，现存长20米，宽2米。

在月港港道海湾多次发现船桅、铁锚。在漳浦古雷圣杯屿海域，掩埋了一艘700多年前满载瓷器的元代古船。港仔嘴港岸边发现过一支大船桅，另有一支船桅埋在豆巷大队港头庵旁的解元河中。

四、新圩渡

华安新圩渡在九龙江北溪沿常新圩镇新圩村。从前由古码头至芗城浦南全长47千米，为省属六级航道，明万历《漳州府志》载有新圩渡。

新圩渡建筑群在华安县新圩镇新圩村，历代均有维修，现存建筑多为清代和民国时期重建，由渡口、旧船坞、港务站、竖街（胜利路）、横街（长安路）和妈祖宫旧址等组成。渡口利用天然泊岸加以石筑而成，为闽西南重要的水上交通枢纽。民国时期，仍是九龙江北溪中游通往下游客货运输的起点站。竖街（胜利路）、横街（长安路）分别长约200米，两侧为砖木、土木结构的骑楼式建筑，俗称竹竿厝。渡口边文字栏介绍，徐霞客从此古渡口登船，游览九龙江北溪。近年来，华安县对新圩古渡口的修缮项目进行规划设计，修旧如旧。

华安县东溪窑是清代漳州地区最大的窑口，是福建省最早烧制青花瓷的窑址之一。1986年，发现新圩官畲明清址，有青花碗、碟、盘。[1] 东溪窑使新圩渡口成为漳州外销瓷的重要码头，新圩渡口使东溪窑的瓷器进入海上丝绸之路。

---

[1] 林艺谋：《华安东溪窑史话》，福建人民出版社2016年版，第55页。

五、定潮楼

定潮楼又称文英楼、周爷楼，在芗城区浦头盐鱼市110号旁，在古码头上用石柱支撑而建。楼为石木结构，楼下形成干栏式门洞状铺石码头通道。其始建年代不晚于清乾隆元年（1736），为市文物保护点。楼上两进，前进面街祀周仓，后进临水祀妈祖，楼下临水。浦头港曾是九龙江的故道，环抱漳州东部，以其天然的地理优势，成为漳州的水路运输的首选途径。浦头港水域各类码头

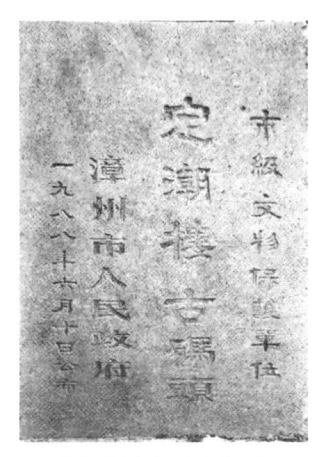

"定潮楼古码头"碑

星罗棋布，有番薯馆码头、探花码头、大庙码头、米坞码头、蛏（蚶）蚵码头、定潮楼码头等，是漳州城货物集散中心，也是城市经济活动的中心。

定潮楼内有清嘉庆十三年（1808）《重修文英楼碑记》，旁有3块石碑：乾隆元年（1736）"船只往来停泊不许索取牙钱"碑、道光五年（1825）"棉花交易运输禁示"碑和光绪四年（1878）"贸易征税告示"碑。楼内有1932年红军用墨水书写的标语9条。1994年，周围乡众集资维修了此楼。定潮楼大门两石柱楹联为："义勇擒庞功蚤著，英灵镇浦泽长流"，梁上石柱刻有"石码镇太学生林梦崧喜舍楼前石梁三支，石柱四柱，雍正七年孟春谷旦立"。

定潮楼的水路直通九龙江出海口。浦头港道从浦头市的定潮楼起，通到碧湖村（今属龙文区步文镇），船可以沿西溪或北溪，经碧湖直驶文英楼码头。清初迁界海禁后，漳州出海港口移到了市区盐鱼市浦头港。

定潮楼流传着"一夜渡南台"的传说，说的是崇祯六年（1633）

秋，老渔翁送陆希韶抵福州南台应试。陆希韶高中榜首，偶然迈入浦头街定潮楼，看见周仓神像和当年老渔翁须眉酷似，于是重修庙宇，称周仓为"渡人侯"[①]。

六、澳雅头码头

澳雅头码头在铜陵镇澳雅头东南侧。据2014年《中国海岛志》载，建于清道光年间（1821—1850），码头长120米，宽4米。1923年码头原土坪改铺石，投资国币1000圆，历时5个月竣工。1965年，福建省航管局拨款6万元重修（含阻浪堤）。现码头长156米，宽6米，石砌直岸线结构，有3个泊位（50吨级泊位1个，100吨级泊位2个），码头上备有负荷1~2吨吊机3组。1960年后，澳雅头至宫口10千米航线由3~5吨中驳船从事河海驳运。后来，澳雅头码头成为内海作业的小渔船码头。近年来经政府批准，澳雅头码头开辟成对台贸易的专用码头，前来贸易的台轮多停泊在这里，码头得到较好的养护。

澳雅头古称太平澳，自明清至民国初期，一直是铜山的重要澳口。码头有相连的天然巨石，高伸俯啄，形如鹅颈。清代《铜山志》载："鹅颈藏舟，在西水涯，海沙中有大鹅石，伸头一湾；另一石如颈然，可泊舟，商渔毕集，随潮汐为往来，一胜也。""太平澳在城西鹅颈石内，此澳可避风涛，同朝康熙间，靖海侯大将军官船乃是施琅所驾百余号遭风漂至铜山，泊于此澳，皆得平安，后回京。"民国《东山县志》载："鹅颈藏舟，在澳雅头海沙中。有巨石突出，曲折层叠，高伸俯啄，形如鹅颈。另一石肖头，船人又垒石为长堤，以蔽东来之水，以续鸡颈之吭。环而抱之，澄然如圆池，藏舟可数百，虽大风浪不能撼，亦一胜也。"

---

① 陈侨森、李林昌：《漳州掌故》，福建人民出版社2003年版，第170页。

康熙三年（1664），施琅从东山率大队舟师进发澎湖，兵船泊于东山太平澳（今澳雅头）。[①] 康熙三十四年（1695），铜

民国澳雅头题刻

山千户苏经倡建澳雅头明德宫。同治元年（1862），铜山常税总局（铜山常关）管理进出港口船只商贸活动，收取关税。[②] 1924年，驻东山海军陆战队着手集资建筑澳雅头的码头和石沪。1925年澳雅头码头竣工，澳雅头隘门上镶嵌一方题有"澳雅头"，落款为"民国乙丑仲夏""林永谟建"的石匾，题刻为廖秀东所书。1928年，东山县政府第一任县长吴高矩在澳雅头建一座四方形候潮亭。

据2004年《厦门市志》载，1934年7月1日，同时在东山岛澳雅头码头和海坛岛澳前村分别设置东山、观音澳两个民船管理分卡。民国时经营12条航线从澳雅头渡口分别至古雷、漳浦县旧镇、漳浦县屿头、云霄县城、云霄县翔屿、云霄县梅安、云霄县江头、云霄县礁尾、云霄县陈岱、诏安县竹港、诏安县四都、诏安县院前。1953年后，仍留存澳雅头渡口至漳浦县古雷和云霄县列屿航线。

1965年，福建省航管局拨款重修澳雅头旧码头，现码头长156米，宽6米，石砌直岸线结构，3个泊位连在一起。码头上备有负荷1~2吨吊机3组。[③] 铜山自造的30多艘盐艇，承运原盐出洋销售或国内航线，年平均运盐量达1.3万多吨，澳雅头港成为汀漳道重要的吞吐口岸之一。

---

① 刘小龙：《东山与台湾》，海风出版社2002年版，第286页。
② 方荣和主编，漳浦县地方志编纂委员会编：《漳浦县志》，方志出版社1998年版，第513页。
③ 福建省轮船总公司史志办编：《福建水运志》，人民交通出版社1997年版，第74页。

2020年，漳州市发展改革委核准批复东山县铜陵澳雅头陆岛交通码头工程项目，外港布置50GT泊位3个（停靠24米以下的船舶），年客运量9万人次；内港布置32个泊位。近年来游客可以澳雅头码头为登船点，游览马鞍屿、东门屿。

澳雅头明德宫内今保存有明崇祯十五年（1642）"本府曹爷升任水利道恩禁"碑和清乾隆三十七年（1772）"严禁勒索船只验烙给照陋规"。

七、浯屿码头

浯屿码头在龙海区港尾。明末清初顾炎武在《天下郡国利病书》里提到浯屿"左连金门，右临岐尾，水道四通，乃漳州海澄同安门户"。道光《厦门志》载浯屿"在厦门南，孤悬大海中，距厦门水程七十里"。

至宋元时，浯屿已成为中国南方一个重要的发舶港和收舶港。浯屿码头布置在岛屿西部渔港岸段，主要是服务于当地渔业生产的小型渔业码头和客运码头。浯屿东侧为进出厦门港的主航道，岛上有灯桩助航。

浯屿自古以来就是海防要地，岛上有古城墙、古炮台等史迹。今存于浯屿岛上的有清道光四年（1824）福建水师提督许松年"浯屿新筑营房墩台记"碑。史料还有明叶向高"改建浯屿水寨"碑、明郭惟贤"改建浯屿水寨"碑、明何乔远"石湖浯屿水寨提名"碑，沈有容自传稿《仗剑录》对浯屿水寨迁至石湖也有记述。

明代航海指南《顺风相送》中"各处州府山形、水势深浅、泥沙地、礁石之图"一节所记浯屿云："太武山内浯屿，系漳州港外，二十托水"。清初海道针经《指南正法》中"北太武往广东山形水势"一节把金门与浯屿并列。

第二章　厦门码头

宋代，厦门岛上设五通、东渡两处官渡。据《厦门志》载，清代道光年间厦门渡口如表2-1所示。

表2-1　道光年间厦门渡口

地县	渡口
马巷厅	得胜渡、岛美渡、典宝渡、磁街渡、打铁渡、新渡、水仙宫渡、寮仔后渡、太史巷渡、港仔口渡、竹树脚渡、洪本部渡、小史巷渡、东渡、五通渡、高崎渡、打石字渡、蟹仔屿渡、龙泉宫渡、高崎渡

1920年代末，在鹭江填海筑堤兴建鹭江道，在鹭江道沿线新规划了以数字编号的15个码头。除了一些新建码头外，许多码头是之前路头的延伸。如第四码头为典宝路头，第五码头为洪本部路头，第六码头为打铁路头，第七码头为提督路头，第八码头为磁街路头。据2000年《厦门城市建设志》载，2000年的厦门码头如表2-2所示。

表2-2　2000年厦门主要码头

地县	渡口
厦门港区	第一码头、第一旅游码头、第三码头、第四码头、第五码头、第六码头、客运码头、第八码头、第九码头、厦鼓轮渡码头、海关码头、水仙宫码头、自来水码头、妈祖宫码头、鱼仔码头、虎头山码头、打石字码头、寿山码头、沙坡尾码头、新填地码头、浮屿码头、斗西码头、美仁码头、后江埭码头、厦门陆岛交通码头、和平码头

续表

地县	渡口
东渡港区	象屿码头、惠建码头、厦门东渡渔渡、海达车客渡码头、同益码头、东渡港油轮码头、厦门东渡港航标区码头、西堤乡镇船舶综合码头、海关缉私艇码头、石湖山成品油码头
鼓浪屿	鼓浪屿轮渡码头、黄家渡码头、和记码头、义和码头、中谦码头、总巡码头、饷馆码头、电船码头、鼓浪屿三丘田旅游码头、鼓浪屿旅游码头、英雄山旅游码头、观海园旅游码头
高崎港区	高崎盐业专用码头
集美区	岑头码头
海沧港区	博坦油码头、嵩屿电厂煤码头、嵩屿客渡码头、海沧码头
杏林区	杏林涤纶厂码头
同安区	刘五店码头、莲河码头、霞浯码头、珩厝码头、东园码头、后树码头、吕塘码头、蔡厝码头、彭厝码头、欧厝码头、澳头码头、大嶝渡口码头、大嶝1号码头、大嶝3号码头、田墘码头、西坨码头、嶝崎码头、阳塘码头、东星码头、小嶝渡口码头、前堡码头、广播站码头、石堡码头

一、东渡渡口

东渡渡口又称牛家村渡、牛家村屿、牛家村澳，在筼筜港北岸的牛家村所在地近竹坑、岛西部狐尾山南面山脚下、鹭江东面。据1991年《厦门港志初稿》载，唐代在此设渡口，宋、元、明代设官渡，因地处大陆之东、西岸嵩屿之东，故名东渡。明《泉州府舆地图说·中左所图说》载："东渡皆要害地也。"清乾隆年间的泉州地图中，厦门岛上标有东渡。

东渡码头是清代厦门的造船场之一,以建造民船为主。民国以前,厦门进出岛有3条客运路线,其中一条是从嵩屿坐船,在牛家村澳(今东渡码头)登陆。

1976年,东渡码头一期工程动工兴建。① 1982年1月5日,东渡码头一、二号泊位建成,深水泊位长777米,可同时停泊万吨轮5艘,年吞吐量200多万吨。② 1991年,建东渡码头二期工程。如今,东渡邮轮码头在东港路2号厦门国际邮轮中心广场。

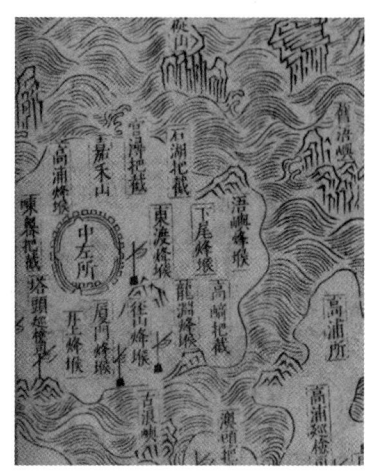

清初《筹海图编》之东渡

2013年11月,两岸民间团体带着延平王郑成功神像,从东渡码头乘"五缘"号游轮前往金门水头码头,参加"重走成功之路"活动。

二、五通渡

五通渡位于禾山镇五通村凤头社北面300米海岬、高崎东,隔海与同安刘五店遥遥相对,水程30里。据1994年《厦门港志》载,宋元以来这里就是官渡,因旧祀五通神、附近有五通山而得名。五通神据说是凶神。③ 鲁迅在《五猖会》中描写了五猖神。《闽杂记》有一则传说:厦门五通渡旁,道光十六年(1836)创建龙神庙,塑像龙首人身。五通古渡原有亭,后圮毁。五通渡至今可见伸入海中的巨石坡上

---

① 嘻夫子:《漫画说厦门》,敦煌文艺出版社2010年版,第11页。
② 陈衍水主编:《跨越之路——厦门改革开放30年知识读本》,海风出版社2008年版,第127页。
③ 石启贵编著:《民国时期湘西苗族调查实录·还傩愿卷》,民族出版社2009年版,第331页。

《闽省盐场全图》之五通渡

凿刻并排4行各18级台阶。

相传南宋末年，赵昺与张世杰、陆秀夫经嘉禾屿五通渡登岸，过云顶岩龙门岭，从东渡至海沧嵩屿，由大担出海向西而去，留下龙门历史古迹。① 明林希元《过龙门》诗云："翠壁丹崖不可攀，石门龙过海风寒。擎天力尽孤臣毙，惟有留题墨未干。"②

清顺治八年（1651），福建巡抚张学圣、泉州总兵马得功乘虚从五通渡攻入厦门。顺治九年（1652），施琅以小舟载郎渡五通去。顺治十七年（1660），陈鹏请自五通渡师袭厦门。康熙二十四年（1685）以后，厦门与鹿耳门成为对渡口。《海岛礁屿和沿海水途》载："高崎东为五通渡，与马港厅之刘五店隔江相望"。道光《福建全省洋图》载："厦门配渡至鹿耳门，计水程十二更。"道光《海口大小港道总图》载："鹿耳门，此港与厦门对渡。"康熙三十五年（1696），郁永河由刘五店过渡五通。

1982年，五通古渡头西侧海滩上，发现乾隆三十九年（1774）奇宠格的《重修五通路亭碑记》，董事凌苍岩、吴德崇、林成章同勒石，

---

① 顾海：《厦门港》，福建人民出版社2001年版，第16页。
② [明]林希元著，林海权点校：《林次崖先生文集》，商务印书馆2018年版，第468页。

经修复后陈列于厦门市博物馆。[1]

在 2008 年两岸"大三通"开启前,"小三通"海上航线已开通厦门五通码头至金门航线,有定时航班。[2] 2019 年 6 月启用厦门五通客运码头三期,所有从厦门出发的厦金航线旅客都由此登船。

清建宁人朱仕蚡《五通渡》诗云:"问讯厦门路,烟涛十里深。沧溟风易动,绝岛树疑沉。漫效浮槎客,难为故国心。定知今夜梦,缭绕绿杨林。"嘉庆年间章甫《宿五通亭》诗云:"卖拙行装去路赊,西风匹马走天涯。晚村野店浓烟锁,古渡横舟落日斜。游惯不知身是客,心虚且暂寺为家。功名枕上华胥境,漫唱鸡声彻晓霞。"道光年间兴化举子宋际春《雨渡五通》诗云:"蒙蒙一天湿云雨,东望鹭江渺何许。浦树参差立海门,海山万髻烟中俯。我时沙上候渡船,长年手掷瓦玦语。须臾旗脚忽东飘,双篙急进桨齐举。断岸欹波若有情,大鱼近舟略可数。春江本自壮风涛,急雨中流复飞舞。但见桅沉云气浓,不知衣湿浪花聚。天际悠悠任叶帆,客心浩浩悲烟渚。"[3] 1930 年 4 月 9 日,"便利轮"从澳头开往五通,因超载而沉没,民国李维修写《潮水》叹此难。民国厦门人钟文献《厦门沦日百咏·五通宫》诗云:"津望大陆五通名,御辇昔传此地迎。文物风流七百载,崇碑古刹一齐平。"诗末注:"宋幼主由五通登陆,立有崇碑文曰'此地曾迎天子辇'傍五通宫存古迹也,并毁于倭。"[4]

---

[1] 厦门市民政局编:《厦门市地名志(下)》,福建省地图出版社 2010 年版,第 793 页。

[2] 徐家勇、陈远治编著:《激活东亚十字路口:台湾的交通立体新世界》,福建教育出版社 2012 年版,第 124 页。

[3] 中共厦门市委宣传部、厦门市社会科学界联合会编,刘瑞光著:《厦门故迹寻踪》,海峡文艺出版社 2018 年版,第 88 页。

[4] 中共厦门市委宣传部、厦门市社会科学界联合会编,刘瑞光著:《厦门故迹寻踪》,海峡文艺出版社 2018 年版,第 91 页。

古舆地图和航海图中，明代《泉州府舆地图说·同安县图说》、康熙《皇舆全览图》分省图、乾隆《闽省盐场全图》、光绪《福建内地府州县总图》、道光《重纂福建通志》、道光《福建全省洋图》、民国《七省沿海形胜图》都描绘了五通渡。

三、刘五店渡

刘五店渡也称镏江渡，在旧同安县境内的新店镇刘五店村，现为厦门港务局同安港务管理处所在地。据1994年《厦门港志》，宋元时期设官渡，与五通渡对渡。由刘五店出航的大商船航至奉天、广东、台湾等地进行贸易。刘五店航道在厦门东水道，港湾深阔。刘五店渡是来往金门、厦门岛、同安的古渡头，也是泉州通往厦门的要津，渡口附近成为一个简易的贸易码头和小集镇。

《西山杂志》载："宋君臣舟至同安，泊之刘五店。"明万历四十年（1612）建东界石塔，靠近刘五店码头，有导航和镇风功能。

清康熙二十三年（1684）设闽海关，刘五店为厦门正口所辖的钱粮口岸之一，负责稽查来自金门、安海、石码、海澄、漳州各地的船只货物，征收关税。乾隆四十一年（1776）设立刘五店澳，由水师后营管理，有汛兵50名，稽查商、渔、渡船。乾隆五十年（1785）刘五店渡成为对台湾、澎湖军需专运码头，乾隆五十五年（1790）置巡检司。光绪二十年（1894），同安与厦门通航10吨左右的载客小火轮。自光绪中期至民国期间，厦门小火轮开往同安的航线都要经过刘五店。

1930年，莲河经新店到刘五店公路通车，又接连福泉马和漳同马公路，形成水陆联运，刘五店渡是通往金厦的重要渡口。1955年，海军建刘五店码头。刘五店区现有刘五店码头、五通海空联运码头、海翔码头等。

四、嵩屿渡

"嵩屿古渡"碑

嵩屿渡位于海沧半岛、九龙江口北岸的终点岬角，现属海沧区海沧镇，因地处嵩屿而得名。据 1994 年《厦门港志》载，自宋代起设官渡，与厦门岛东渡对渡。嵩屿渡头遗址呈斜坡状，从西向东向海中倾斜。码头原长约 50 米，宽 3.1 米；现长 23.6 米，宽 5.9 米，全用花岗岩条石铺砌。条石长的长 1.80 米，宽 0.42 米，厚 0.25~2.8 米；短的长 1.2 米。嵩屿码头是厦门至漳州的水陆联运码头，往来的有厦门至嵩屿客轮及民营木质客货船。

1930 年代，寓居厦门的林语堂返回家乡漳州平和，用英文写《车游记》，其中有一句："船行过厦门运河的这一段通常总是非常危险……到了陆地上公路尽头的松宿（音译）。"这里松宿即嵩屿。

在嵩屿码头蓝色海湾广场立有"嵩屿古渡"碑："嵩屿原名濠门，相传南宋末年，元军破南宋都城临安，众臣护幼帝南奔，群臣一行由五通登陆厦门，再转道东渡涉海至嵩屿。时值幼帝诞辰，群臣依例祝寿，呼寿比山高，帝欣喜，将山高赐名该屿，即嵩屿。嵩屿渡口始建于宋代，与厦门岛东渡渡口对渡而建。自古以来，嵩屿码头是厦门岛及鼓浪屿联通大陆最便捷的海路通道。洪武年间，渡口设濠门驿站、濠门巡检司。明中后期，嵩屿渡口成为漳州月港口岸的组成部分。清朝时期，嵩屿渡口随厦门开放通商而兴。一九一零年，福建省第一条铁路漳厦铁路以嵩屿为起点开通运行；孙中山先生在《建国方略》中，拟将嵩屿建成二等港（全国仅七个）。一九三二年，民国政府开始建设嵩屿华侨新商埠，英商亚细亚火油公司、美商美孚火油公司因码头之便择址嵩屿。解放战争漳厦战役中，嵩屿是渡海作战的主要支点。改革开放后，因嵩屿码头之地利，邓小平同志亲自指导的九零一工程在海沧开启了中国台商大规模投资内地的序幕。二零一七年九月立。"

五、草仔市码头

草仔市码头在同安区祥平街道过溪村、莲花溪与汀溪汇合处、同安西溪上游。据1993年《同安交通志》载，同安至大坪古道由同安小西门往西北，经古庄、田洋、草仔市、庵仔下、潘道亭、花厝、后洋、云洋、大路尾（又名云埔）、石佛内、安乐村、澳内、道里、庙村、小坪，越过紧傍县境的尾林，直达安溪县的大坪。此道始成于宋代，全长20千米，陡坡处还用大块鹅卵石砌成阶梯。此道上有两个墟市，一为草仔市，一为后洋。草仔市较小，后洋较大。草仔市码头是宋元明清时期同安城外通往北方内陆的商贸集散地、茶马古道的水陆联运衔接点，不仅见证了古同安经济的繁荣，也见证了金厦两地密切的往来。[①] 不远处矗立着莲花水库大坝，灌木掩映着一块草仔市古码头遗址石碑。据说从前同安城区人家使用的柴草，主要在这里交易、上船，故称草仔市。

"草仔市古码头遗址"碑

同安汀溪镇前格五里林村和半岭村中，

---

① 叶红旗主编：《同安文物大观》，厦门大学出版社2012年版，第370页。

现存的茶马古道长 2.5 千米，是厦门保留最为完整的古道，以不规则石块铺设，宽 1~2 米。古道是研究农耕文化与海洋文化交流互补的实物，列为同安区文物保护单位。2022 年，祥平街道启动草仔市古码头文物点保护修缮工作。

草仔市下游有几个古码头，如溪声村坑仔口码头。1820 年，洪天香在此创建龙窑。坑仔口不远处的后溪窑场，至今还生产大缸、瓦罐等陶器。

六、莲河码头

莲河码头在同安区新店乡，西南面对厦门岛，东南面对大嶝岛和金门岛，港口深阔无暗礁。据 2004 年《厦门市志》载，这里是对外通商避风良港、明代闽南著名渡口。

清乾隆四十年（1775），莲河码头辟为军运码头，运送台、澎驻军的军需品。同治六年（1867），设莲河盐务正堂和安县盐管处。

新中国成立后，莲河港区陆续兴建大小码头 11 座。1983 年开工兴建莲河—大嶝渡口码头。1984 年重建莲河码头，是石砌驳船客货码头，呈 U 字形条面岸壁，面高程 7.84 米，长 140 米，有 3 个泊位，靠泊能力 60 吨。码头内陆有简易公路 1.2 千米。1988 年 9 月，莲河码头竣工投入使用，长

莲河渡码头建造捐金碑

118米，宽6米，为斜坡石砌踏步式。

新店镇莲河村圆通庙南侧的莲河渡码头建造捐金碑，记录了清道光三年（1823）各界人士捐金建造莲河渡码头的芳名和钱款数。

七、新路头

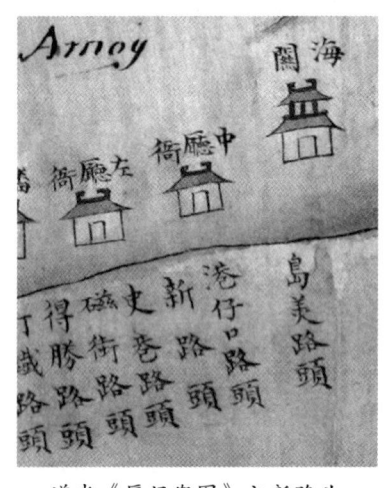

道光《厦门舆图》之新路头

新路头在思明区外贸大厦前面，建于清康熙年间，后来历经多次重修。新路头是鹿礁地区为往来厦鼓方便起见而设的渡头，比龙头码头更晚建造，故名。

清咸丰元年（1851），英国人强租厦门自岛美路起至新路头的一片土地。

1986年动工建造海关新大楼时，在新路街发现嘉庆十三年（1808）《重修新路头碑记》："新路头创自康熙年间，海氛既靖，舟航辐辏，商贾云集，为厦岛利济之区。历年既久，崩塌频仍。乾隆乙未年，王宝源等行铺题缘修筑，距今三十五年，海潮冲激，倾圮尤甚，行人病甚。嘉庆戊辰，苏胜春等捐资修造，径已告竣。今将捐题姓氏芳名勒碑于道，以俟后之君子相继创修，则新路头千古不磨矣。苏相淇捐佛银叁佰员，……苏胜春垫补壹佰玖拾贰员。嘉庆十三年岁次戊辰腊月吉日董事曾必庆立。"

古舆地图和航海图中，道光《厦门舆图》、同治《厦门旧城市图》、光绪《厦门城市全图》、1885年《厦门海后滩全图》、民国《厦门城市略图》、1918年《厦门及鼓浪屿地图》、1931年《厦门市警略图》中都描绘了新路头。

八、澳头渡

澳头渡位于翔安区新店镇澳头村,曾是四通八达的闽南古渡口,设立时间不晚于清代。

近百年前,村人造可载重七八百担的大帆船,渡海贸易。1821年2月18日,澳头人驾驶帆船,从同安县翔风里澳头社抵达新加坡。① 2021年,纪念中国(澳头)第一艘木帆船到达新加坡200周年音乐会在澳头侨乡举办。

1693年康熙《海澄县志》之澳头

清光绪二十年(1894),同安与厦门通航10吨左右的载客小火轮。自光绪中叶至民国期间,厦门小火轮开往同安的航线有:厦门驶赴同安的澳头、刘五店;厦门驶赴同安的石浔;厦门驶赴灌口、马銮、鼎尾;厦门驶赴同安马巷的山后亭;厦门驶赴同安的东头埔。

澳头与大小金门、大担、二担等岛屿及厦门五通隔海相望。早年与金门、厦门的水上交通靠帆船,码头停泊客船和商船,称澳头镇。1992年,兴建了100吨级板梁式客货码头。② 目前仍有固定航班往返于澳头和五通之间。

---

① 《同安交通志》编委会编:《同安交通志》,厦门大学出版社1993年版,第12页。

② 中国人民政治协商会议厦门市同安区委员会文史资料委员会编:《同安文史资料(第18辑)》,1988年版,第104页。

九、钢琴码头

钢琴码头又称鼓浪屿轮渡码头,在思明区鼓浪屿鹿礁路,是从鼓浪屿乘船去厦门岛的最常用的码头之一。码头建成后如三角钢琴,是琴岛的象征,故得名。岸上筑有钢琴造型的候船室。进站口上方有"鼓浪屿"三个大字,出自福建书法家罗丹。

鼓浪屿码头原建在当年华工出口的猪仔码头旧址。猪仔是鸦片战争后,西方列强在厦门贩卖中国劳工时对契约华工的贬称。据1989年《厦门交通志》载,1852年英国德记洋行在鼓浪屿建造猪仔码头,1884年改称义和码头,后来转给永明肥皂厂作货运码头,又称雪文码头。

鼓浪屿的客货码头大多集中在岛屿东部的滨海处,与厦门岛对渡。从19世纪中叶到20世纪中叶,先后建有大小十多座码头。现尚存黄家渡、和记、三丘田、仲谦、河仔下等码头遗迹。1976年,市政府决定扩建鼓浪屿轮渡码头,购置能一次载客600人以上的大渡轮。鼓浪屿龙头路口扩建铁浮桥式(以双引桥和方舟联系)码头,长16米,宽6米。

《20世纪初鼓浪屿图》标有龙头码头、英国领事馆码头。1918年厦门旭瀛书院的《厦门及鼓浪屿地图》有和记、三坵(丘)田、河仔下、龙头、西路头、新路头等码头。1927年《鼓浪屿地图》有三丘田、和记等码头。1934年《鼓浪屿地图》有龙头、新路头、西仔路、西路头、和记、三坵(丘)田等码头。

清林树海《过鼓浪屿》诗云:"沧海桑田几变迁,红羊小劫又经年。镜中楼阁余灰烬,兵后繁荣尚管弦。亦有流民愁失业,岂无互市说安边。至今鼓浪门庭内,犹泊如山甲板船。"[①] 清黄日纪《同诸友泛

[①] 郑振生主编,政协厦门市鼓浪屿区委员会、厦门市鼓浪屿区人民政府编:《鼓浪屿诗词选》,鹭江出版社1994年版,第7页。

舟鼓浪屿游日光岩》云："水面风凉暑气收，榜人遥指到龙头。才知地僻人烟静，更觉岩高木叶秋。屋角窗窥凌海席，寺前门对隔江楼。好将诗社追莲社，黄菊花开续旧游。"[1]

十、轮渡码头

轮渡码头位于思明区鹭江道15号，与鼓浪屿仅一江之隔，始建于1937年。

鼓浪屿至厦门岛原靠双桨、舢板、大舢、竹篙摆渡，大多停靠在电船码头和双桨码头。电船码头是厦鼓各洋行、银行自备的小汽船停靠码头。双桨码头也称龙头码头，是客货兼用的双桨船专用码头。电船码头、双桨码头还与东方汽水厂的东方码头连成一片，即今轮渡码头往北一带。1935年，厦鼓航线有双桨船和舢板约400艘。1937年7月，市工务局向利侨公司租用"利侨"轮，向利通公司租用"利通"轮，向金再兴公司租用"金再兴"轮用于轮渡。9月，轮渡管理处成立。10月，厦鼓轮渡正式通航，租用"利侨""利通""金再兴"汽船为渡轮，每小时4个航班，每船载客量不足70人。码头规模甚小，售票亭仅容2人，简陋异常。1938年，轮渡管理处被日本福大公司强占，日军在渡口盘查行人，常有盟国飞机飞临上空，轮渡时停时开。1942年太平洋战争爆发后，日军独占了鼓浪屿。1945年10月，国民政府接管了福大公司及其所属的"厦安""厦禾""厦兴"三轮。1949年9月，黄谦若等22人发起成立厦门轮渡公司。1950年6月召开第一次股东会议，通过新章程，改名为厦门轮渡股份有限公司，公私合股经营。1952年2月并入厦门轮船公司，后来又隶属于公共交通公司。

---

[1] 郑振生主编，政协厦门市鼓浪屿区委员会、厦门市鼓浪屿区人民政府编：《鼓浪屿诗词选》，鹭江出版社1994年版，第35页。

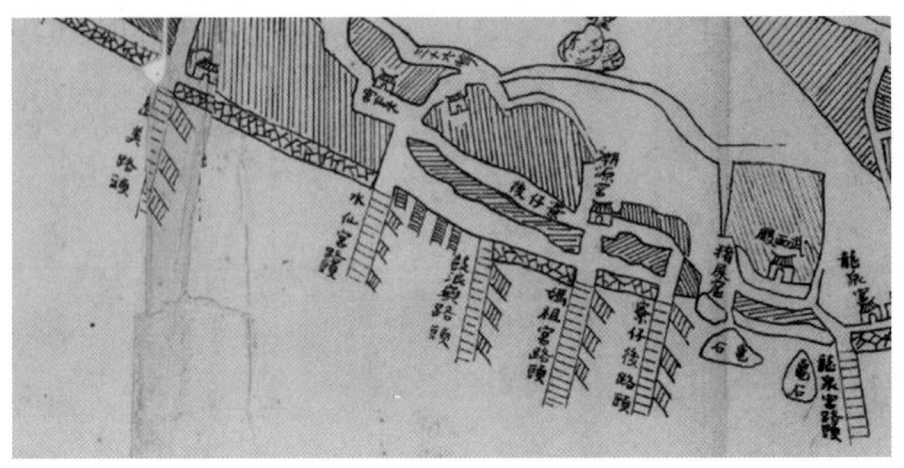

光绪《厦门城市全图》之鼓浪屿路头

如今在轮渡码头附近有厦门旅游客运码头，可乘快艇到漳州港。内厝澳码头在鼓浪屿的西北侧，运营往来于国际邮轮中心厦鼓码头、第一码头与海沧嵩鼓码头的多条航线，2012年开通运营。2022年11月，厦门鼓浪屿内厝澳码头扩建工程完工，扩容了候船平台，提升了趸船泊位。原先该码头只有一座长60米、宽14米的趸船，仅能停靠两艘30米级别的客船。后新建了一座长80米、宽14米的大趸船，可多停靠两艘40米级别的客船，能保证趸船坞修时航线的正常运行。新建了"闽厦门趸0035"趸船，专门设立了防溢油应急物资库。2022年9月，厦门轮渡有限公司投资建造的"鹭江游7"双体客船在珠海江龙船厂顺利下水，这是厦门轮渡首艘双体客船。

十一、水仙宫渡

水仙宫渡在思明区水仙路。据《厦门志》载，清代金门渡船、海澄、石码等船泊水仙宫渡，因附近原有供奉水神的水仙宫得名。水仙宫在望高石下，坐山向海，祀大禹、伍员、屈原、项羽、鲁班诸神，明代所建。如今水仙路竹寮巷口有水仙宫"水天一色"题刻。原水仙宫路头填海延伸，为水泥双向踏步式，长 6 米，宽 4.3 米，靠泊能力 200~500 吨。

水仙宫附近居民有划龙舟习俗。《厦门志》载："内水仙宫，在菜妈街后，背城面海。端节龙舟必先至此，演剧鼓棹，名曰请水。"《鹭江志》载苗凤翔《水仙宫碑记》："……鹭门田少海多，居民以海为田。恭逢通洋弛禁，夷夏梯航，云屯雾集；鱼盐蜃甲之利，上供国课，下裕民生。"清郁永河《裨海纪游》载："抵岸即厦门地，顾视日影，已堕崦嵫；复行三十里，抵水仙宫，漏下已二十刻。"

清顺治七年（1650），郑成功先泊船水仙宫前，用施琅之计，于中秋节的晚上亲领战将甘辉等人乘船寄泊鼓浪屿，下令把其余船只装扮成商船，分别寄泊在岛美、浯屿、大担、白石头、水仙宫等港口候命，顺利取得金厦两岛。[①]

清初，在水仙宫路头附近有个军用造船厂，修造大小战船。据《厦门志》载："军工战船厂，前在厦门水仙宫右，至妈祖宫后止，泉州府承修时所设。"

1870 年冬，苏格兰人约翰·汤姆森踏上水仙宫路头，拍摄了一系列厦门人文风光的照片，包括水仙宫后的望高石。

光绪三十二年（1906），不同势力为争夺妈祖宫码头、水仙宫路头发生大械斗，甚至动用枪支、联合日本浪人。后来，厦门官厅动用军队，由商会出面，才划定各方势力范围。

1926 年 9 月，鲁迅先生应厦门大学任教之邀，乘轮抵达厦门，先住在靠近码头的中和旅馆。林语堂来接他，雇船送往厦门大学。[②] 当时他乘坐的是"双桨仔"，从水仙宫路头启航，15 分钟左右抵达玉沙坡

[①] 厦门市区划地名办公室编：《厦门市行政区划与地名学研究会学术研讨会论文集（2004—2005 年度）》，2006 年版，第 33 页。

[②] 陈梦韶：《鲁迅在厦门》，作家出版社 1954 年版，第 59 页。

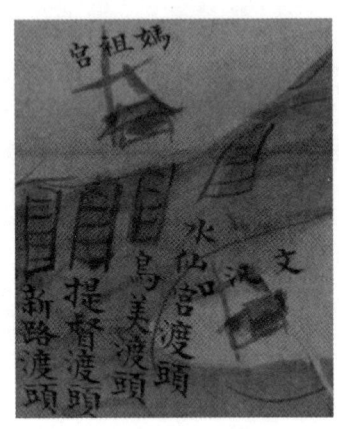

《厦门及邻近地区地图》之水仙宫路头

（沙坡尾）码头，再步行五六分钟，穿过演武场，即抵达东侧的生物学院3楼国学研究院。

1929年夏，鹭江道自邮政码头至妈祖宫码头（今水仙宫码头）段的堤岸突然崩塌。1930年改用美国松桩重建后，又全段崩塌。① 1949年10月后改为厦鼓客货运舢板船、机帆船专用码头。②

清林鹤年《鹭江棹歌》云："……十年打桨草洼安，垂老归来甲必丹。争说弄潮儿有信，石头犹作望夫看……秦淮灯戏鱼龙舰，珠海花围翡翠篷。裙屐少年场里过，结茅归傍水仙宫……"并注："志载望高石，俗讹为望夫石。"③《鹭江志》载黄名香《水仙宫》诗："劫火当年遍鹭洲，独存古庙碧江头。山分龙虎东西峙，水接台澎日夜流。万里舟车频辐辏，四时风月足观游。饮知圣世人烟盛，高下层楼压蜃楼。"《鹭江志》又载林明堤《水仙宫》诗："庙貌巍巍踞鹭津，于今开拓又重新。危亭杰阁凌云表，画栋雕甍壮海滨。舟子喧阗争渡客，码头络绎趁墟人。潮声日夜来还往，万古长如谒圣神。"

古舆地图和航海图中，乾隆《中华沿海形势全图》、乾隆《海疆洋界形势图》、道光《厦门舆图》、同治《厦门旧城市图》、光绪《厦门城市全图》、1892年《厦门内港图》、1934年《鼓浪屿地图》都描绘了水仙宫路头。

---

① 龚洁：《鼓浪屿建筑丛谈》，鹭江出版社1997年版，第125页。
② 厦门市博物馆编，勒维柏主编：《鼓浪屿地下历史遗迹考察》，厦门大学出版社2014年版，第35页。
③ 江熙：《鹭江名胜诗钞》，菽莊书局1948年版，第95—96页。

十二、江头古渡

江头古渡在江头和禾山一带，是厦门岛古代文明发祥地，设立时间不晚于清朝。据道光《厦门志》载，箦筜港在城西北，潮涨达于江头，小舟往来其间。江头原名港头，是当时江头的舟渡码头。

深入腹地的江头古渡，提供渔盐之利和舟楫之便，是一个不可多得的避风良港。江头古渡作为古代厦门海陆交通的枢纽，曾是厦门与漳州、海澄、海沧、同安等地的商品集散地，也是厦门通往海外各地的一个国际性港口。

清顺治十一年（1654），隐元禅师应日本僧人之请，从箦筜港内的江头古渡登船，在日本开创了佛教黄檗宗。[1] 离开厦门之际，隐元作留别诗《中左江头别诸子》："江头把臂泪沾衣，道义恩深难忍时。老叶苍黄飘格外，新英秀气发中枝。因缘会合能无累，言行相孚岂可移。暂离故山峰十二，碧天云净是归期。"[2]

十三、洪本部渡

洪本部渡在洪本部街尾，因郑成功部将洪旭有府第在此而得名，清道光《厦门志》载有洪本部渡。洪本部巷在洪本部街与石浔巷之间。原本的洪本部街可直通鹭江道，如今被财富中心大厦阻断。左营守备署在城外洪本部渡头，有守备一员。

洪本部巷33号民居墙上尚存乾隆四十年（1775）所立的《重修洪本部渡头碑记》以及光绪二年（1876）的《增修洪本部渡头碑记》。《重

---

[1] 杨国桢：《闽在海中》，福建教育出版社2018年版，第335页。

[2] 政协厦门市湖里区委员会文史委员会编：《湖里文史资料（第6辑）》，2001年版，第33页。

修洪本部渡头碑记》碑额有石雕龙"皇清"二字。《增修洪本部渡头碑记》嵌在昭惠宫墙体上。1998年在石浔港发现一方"洪本部路头告示"碑，嵌镶在洪本部港60号昭惠宫。

古舆地图和航海图中，道光《厦门舆图》、同治《厦门旧城市图》、光绪《厦门城市全图》、1892年《厦门内港图》都描绘了洪本部路头。

"洪本部路头告示"碑

十四、打铁渡

打铁渡在打铁街尾、今钻石海岸大厦，因古时聚集许多打造船锚、铁链的作坊而得名，原本的打铁街可通往鹭江道。清道光《厦门志》载有打铁渡，同安、内安等船常泊于打铁路头。

21世纪初建设钻石广场拆除隘门右侧房屋时，墙体中显露出两方并立的乾隆五十八年（1793）《重修打铁路头碑记》。[①]《重修打铁路头碑记》旁有嘉庆七年（1802）小石碑，碑正中阴刻有"映青楼祀业，道光九年拾月重修"字样，还有"奉宪示禁"碑。

古舆地图和航海图中，道光《厦门舆图》、同治《厦门旧城市图》、光绪《厦门城市全图》、1892年《厦门内港图》

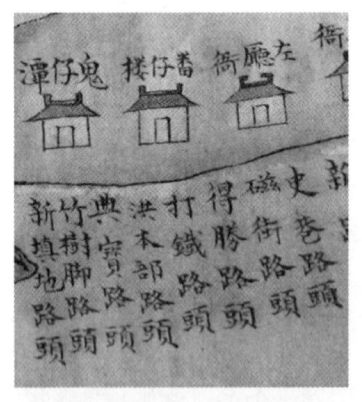

道光《厦门舆图》之打铁路头

---

① 政协厦门市思明区委员会编：《思明文史资料（第5辑）》，2009年版，第39页。

都描绘了打铁路头。

十五、太古码头

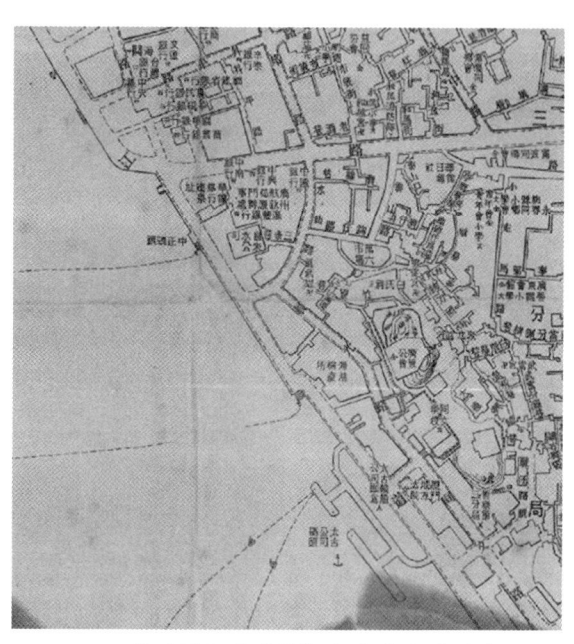

太古码头即和平码头，位于思明区鹭江道3号，是当时的主要对外贸易码头之一。鹭江道是厦门道路的一条主干道。鹭江道在古代是一片水域，它的西北部是鹭江水、筼筜港水的交汇处。如今，它是厦门市区外围主干道之一，一头可通厦门港口，另一头可通厦门东渡新港，中间还与其他主干道，如开元路、厦禾路、中山路等纵横衔接。

1938年《厦门市地图》之太古公司码头

据1993年《厦门港史》，光绪六年（1880）英商太古公司在岛美路头北侧（海后滩）建造了太古趸船码头，码头引桥长约53米，可靠泊500吨级的船舶；还在码头后方陆地建有太古栈房6间，总仓库容量达千万斤。这是当时厦门港规模最大的综合性码头，是外商兴建的第一座码头。光绪十四年（1888），新源记（马尔坎伯洋行）也在厦门靠近贝拉米船坞（Ballamy Dock）前的地方填筑了一条长约55米的堤岸，并建筑了一座宽约1.2米的伸向深水处的码头。光绪十七年

（1891），马尔坎伯洋行又填筑了一条长约60米的堤岸。为了进一步扩大自己的码头，以满足航运需要，1926年又建造了太古码头。①

《厦海关十年报（1912—1921）》载："厦门漳州铁路公司在嵩屿的铁路终点站附近建造一个铁混凝土桥墩，并与海岸连接。码头长550英尺（约168米），预计于1922年6月完工。1921年11月6日，一座钢筋混凝土码头开始施工，以取代连接巴特菲尔德和太古公司（上海）和英国外滩的旧木结构。但由于上述公司被宣布抵制，工程暂停。从英国租界北端到厦门码头，步行至堤岸、法线、厦门一侧海港上端的一个方案，该项目的工作已经开始。"

1926年9月4日，鲁迅在林语堂的邀请下，经过3天的行程，从上海乘轮船抵达厦门太古码头，再从水仙宫路头乘小舢板前往厦门大学，担任国文系教授和国学研究院研究教授。②

1955年1月，福州港务局厦门分局接管英商太古码头。③ 1958年5月，太古码头更名为和平码头。在两岸"大三通"开启前，"小三通"海上航线已开通厦门和平码头至金门航线，有定时航班。④

十六、龙泉宫渡

龙泉宫渡在龙泉宫前，龙泉宫所在的地名叫草仔垵。道光《厦门志》载："官府渡台在此迎送。"清初，厦门是对渡台的口岸，分派到台的官员来内地为官的都从厦门出入，龙泉宫路头成了迎送的地点。

---

① 苏文菁总主编，洪卜仁、周子峰主编：《闽商发展史·厦门卷》，厦门大学出版社2016年版，第118页。

② 陈明远：《鲁迅时代何以为生》，陕西人民出版社2013年版，第40页。

③ 邓孙禄主编，叶志愿等编：《厦门港志》，人民交通出版社1994年版，第153页。

④ 高新才主编：《中国经济改革30年·区域经济卷》，重庆大学出版社2008年版，第264页。

第二章　厦门码头

厦门五大古澳口之一神前澳的南岸，依次排列有水仙宫路头、妈祖宫路头、寮仔后路头、鱼仔路头、龙泉宫路头等著名的码头。

光绪二十五年（1899），在龙泉宫前爆发过厦门人民反对日本强迫划虎头山为租界的群众斗争。虎头山距卧岩滩咫尺之遥，其间有龙泉宫。日本驻厦门领事馆工作人员在虎头山为拟议中的专管租界插旗划界，遭当地居民反对，最终未能得逞。

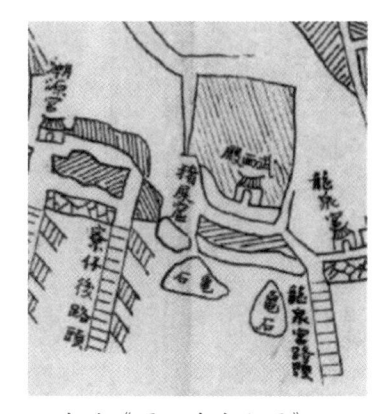

光绪《厦门城市全图》之龙泉宫路头

1932年，鹭江道第三段堤岸完工，草仔垵路头、龙泉宫路头成了新填筑的陆地。海岸外移百来米。

十七、打石字渡

打石字渡在厦门港的火仔垵，北连草仔垵的鱼仔路头，南接厦门港沙坡头。《鹭江志》载，打石字在虎头山下，一石壁立海边。明代，李逢华为了抗倭修筑炮台，镌其费用及时人名姓于此，每字可二尺余，字迹苍老，见之俨然一大幅古字悬挂高崖。打石字上面记载了天启三年（1623）筹集银两修筑厦门港铳城的情况。同治《厦门旧城市图》绘有天启石，海边有一处船坞，称和尚澳、和尚坞。打石字码头由原打石字路头填海延伸，该码头原是亚细亚火油公司所有，作为石油船停靠码头。1928年亚细亚公司失火，1929年迁往嵩屿。据2000年《厦门城市建设志》，1930年由市政府向亚细亚公司承购，建一座水泥踏步式码头，长12米，宽5米，定名为碧山码头，靠泊能力20~50吨。

1927年厦门进行市政改造。6月，主持市政改造的漳厦海军警备

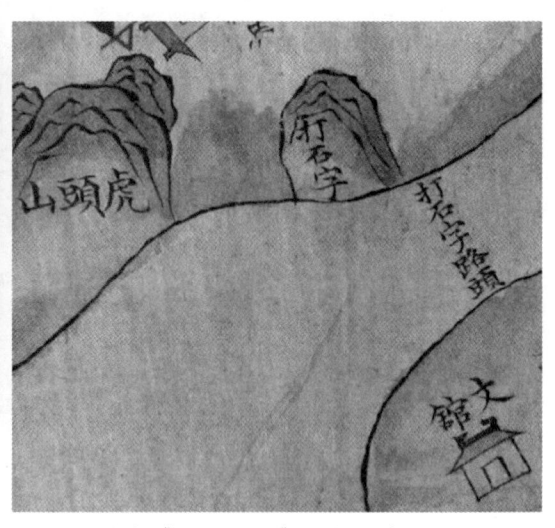

打石字摩崖石刻　　　　道光《厦门舆图》之打石字路头

司令部致函英国驻厦领事馆，提出搬迁要求："查厦港打石字一带民居日渐周密，兼以本部正在填筑堤岸，并就该处附近开辟新区建筑店屋，将来该地必益繁盛。该处原设有亚细亚煤油仓一所迫近民居，殊为危险，现迭据各社团呈请饬令该公司迁移油仓前来，应迅予设法移设，以免危险。曾经本部派员会同该公司人员前往嵩屿、大屿各处察看地点，惟嵩屿系漳厦铁路起点之地，为漳厦交通之孔道，将来拟就该处开辟商埠，自未便再于该处建设油仓。至于大屿一址，四面临海，与厦鼓均甚接近，以建油仓至为适宜。该公司对于该地点亦颇赞同，应即决定移建该处，所有移设之费应需若干，应由该公司拟定预算送部核夺，以便酌为转达该领事查照为荷。"[①]《厦门市政志》载："近代厦门市政建设中，原在厦港打石字附近的油库，需要该公司迁出岛外，以保证商业、居民区的安全。但该公司提出海面水域的租约是无限期使用，每年租金约2000元。经再三交涉，后由行政院实业部商业司黄铁欧与英公使蓝浦森签订新约，该公司油库迁往嵩屿。"鹭江道堤岸的

---

① 厦门档案资料丛书编委会编：《近代厦门涉外档案史料》，厦门大学出版社1997年版，第355页。

改造建设继续进行。火仔垵这一段，属于鹭江道海堤的第三段工程。这一时期，火仔垵范围内的路头有：鱼仔（渔行口）码头，经填海延伸后叫渔灰码头，水泥踏步式，长4.5米，宽2.5米，靠泊能力35~100吨；虎头山码头，海后滩第三段堤岸竣工之后，于虎头山前建一座水泥踏步式码头，原称虎头山路头，抗日战争期间倒塌，新中国成立后修复，曾建木质简易码头，1959年改建为水泥高桩透空式轻型码头（两个泊位），长8米，靠泊能力50吨，作为煤炭装卸专用码头，又称为大同煤码头；寿山码头，在原寿山路口堤岸建一座水泥踏步式码头，长10米，宽4.5米，靠泊能力20~50吨。

古舆地图和航海图中，道光《厦门舆图》、同治《厦门旧城市图》、光绪《厦门城市全图》、1918年《厦门及鼓浪屿地图》、1920年代《厦门城市略图》都描绘了打石字路头。

十八、岛美渡

岛美渡口位于现在的海关码头后方，建于明代，清代称岛美路头。岛美路头在今中山路与镇邦路、水仙路交叉口西侧。街路东西走向，现属思明区思明街道办事处辖地，后因填海延伸海岸，又处于中山路一端，也称为中山路头。《鹭江志》载："横洋、青浦等船泊此。"

闽海关的大馆在岛美路头。《鹭江志》载，"闽海关，旧为户部所管。每三年，部中选一员抵厦专理其事（员外、郎中不等），住户部衙（在养元宫边）。分四处稽查，岁解征税银七万三千有奇。今为将军兼管，委官一员，在厦总理，有事则禀明将军，饷银作四季解京。大馆在岛美路头，凡洋商南北等船出入，皆到馆请验，惟米粟免饷，余俱有例。其自外来者，洋船则官亲登其上，封仓，命内丁日夜看守，防其偷漏操处，验明征饷；商船则遣人持丈尺，量测浅深，计算所载多

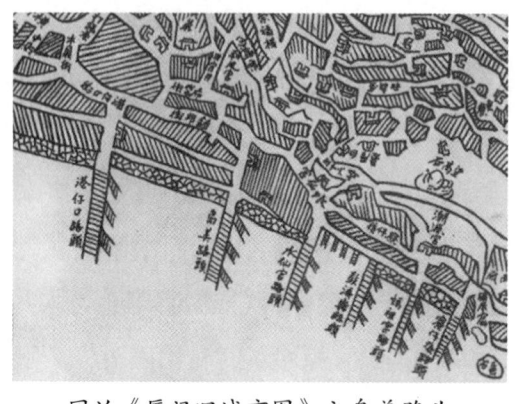

寮，分别征饷。自本地出者，则挑赴大馆报税，给单出水。小馆则随潮时，命巡丁遍查渡船，验其有无偷漏，其或隐匿不报，察出则执解大馆，以凭送究。小馆一在厦港玉沙，稽查金门、烈屿、安海及涪屿、岛美各等渡货物。一在鼓浪屿后，稽查漳州、石码、海澄及漳属各小舟等渡货物。一在牛家村，稽查同安、内安及澳头、鼎美等渡货物。一在石码街，稽查龙溪、漳浦等处往泉州各项货物。"《厦海关十年报（1922—1931）》载："外滩填海工程受到了广泛关注，尽管存在各种阻碍，但已完成。1931年，荷兰海港工程公司委托建造了一座新的混凝土海堤，长度超过1里（500米），该公司正在取得出色的进展。"

清咸丰元年（1851），英商租借岛美路头至新路头的海后滩地，随后洋行擅自筑墙围地，拦截交通，引发民众抗议。1918年7月，英领事借口军阀混战，派海军陆战队登陆"护侨"，在海后滩围墙筑门。再遭反抗。1921年5月，英太古洋行强行动工兴建码头和飞桥，厦门公民会致电北京，要求外交部令英人停建码头，拆毁堤脚，恢复原状，撤退登陆海军。1922年10月21日，中英领事签订《厦门海后滩善后办法》，平息了纠纷。

古舆地图和航海图中，道光《厦门舆图》、同治《厦门旧城市图》、光绪《厦门城市全图》、1885年《厦门海后滩全图》、1892年《厦门内港图》、1918年《厦门及鼓浪屿地图》、1920年代《厦门城市略图》、1931年《厦门市警略图》都描绘了岛美路头。

十九、第一码头

新第一码头在思明区西堤路599号，于2021年7月启用，原第一码头水上客运业务搬迁至BRT第一码头站。旧第一码头位于厦禾路29号，于1985年建成，运营第一码头至鼓浪屿内厝澳码头市民航线及第一码头至海沧嵩鼓码头公共交通航线。

1926年8月，鹭江道堤岸工程动工，堤岸从厦门第一码头延至厦门港，全长3024米，1936年竣工。[①] 1928年海后滩第一段堤岸筑成后，在船坞左侧堤岸50米处，建起一座钢筋水泥结构的单向踏步式（阶梯式）码头，俗称担水路头。1959年8月23日强台风袭击厦门，原码头全毁，在原码头西移50米的堤岸拐弯处建了一座木结构排架式临时码头。1964年改为钢筋水泥结构斜坡式码头，长22米，宽2.65米，靠泊能力10~15吨。1966年又在距改建后码头左侧堤15米处新建一座长32米，宽6米，靠泊能力10~50吨级码头，故现第一码头有斜坡式客货两用码头两座。1984年厦门第一码头水陆联运站建成。

1902年，叶青池投资20万银圆参与英商在厦门第一码头帆船礁建造船坞的工程，维修海运船只。新中国成立后，此船坞成为厦门造船厂的生产基地，使用到2000年，之后造船厂搬迁至海沧。

集美电船公司是由陈嘉庚投资创办的，共有汽轮4艘，即"集美三号""集美五号""集美六号"和"集美七号"，航行于集美镇岑头至厦门第一码头。抗战胜利后，集美电船公司重新组织运营，集美学校和同美汽车路股份有限公司都有参股。1951年8月，同安县人民政府接收集

[①] 《厦门市政志》编纂委员会编：《厦门市政志》，厦门大学出版社1991年版，第146页。

美电船公司，转变为公私合营性质，1952年并入厦门市轮船公司。[1]

民国时期，划龙船活动主要在厦鼓海峡和筼筜港内举行。现在的溪岸附近后何仔路原为龙船河。第一码头附近有龙船礁巷，就是由于当年龙船赛结束后，人们将龙船覆在海边礁石上而得名。

20世纪90年代在第一码头疏浚过程中，于滩涂中发现成堆瓷器，包括明末的青花花卉鹭鸶纹小盘等。[2]

新第一码头趸船一侧区域还原了新中国成立前的厦门老码头、洋行、渔铺等场景，也是福建省首个海上沉浸式体验项目《碧海红帆》的演出场地，党史学习教育主题船"图强号"从这里出发，途径八卦楼、郑成功雕像、世茂双子塔、胡里山炮台等地标景点。

二十、海关码头

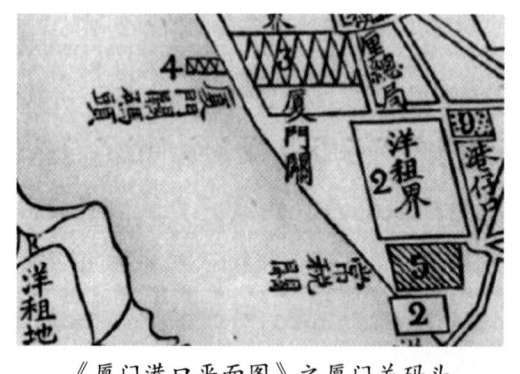

《厦门港口平面图》之厦门关码头

海关码头又称大同路头，在大同路口和海关大楼前方，由原新路头填海延伸而成，据《福建水运志》载，建于1933年，后改为厦鼓轮渡码头。码头为水泥踏步式，长18米，宽2.5米，靠泊能力200~500吨。

鼓浪屿是福建最早开展游泳比赛的地方。1931年9月26日，第一次横渡厦鼓海峡比赛举办，由鼓浪屿黄家渡游至厦门海关码头，游程

---

[1] 邓孙禄主编，叶志愿等编：《厦门港志》，人民交通出版社1994年版，第332页。

[2] 郑东著，中共厦门市委宣传部、厦门市社会科学界联合会编：《厦门陶瓷之路》，海峡文艺出版社2016年版，第119页。

700米，有54人参加，45人抵达终点。[1]

1937年9月，海关码头建单引桥连接趸船码头，1959年强台风袭击全毁后重建，直至1975年新建轮渡码头后，原轮渡码头才成为海关交通艇停泊码头。

1950年5月，第三、四、五和海关码头获"拥军支前"的荣誉称号。

二十一、亚细亚火油公司码头

亚细亚火油公司码头在海沧区海沧街道贞庵村嵩屿社嵩屿海军警备区内，是20世纪二三十年代亚细亚火油公司建设的专用码头。据2000年《厦门城市建设志》载，1920年6月，华侨林尔嘉首任厦门市政会会长，开始了填筑海后滩堤岸的筑堤工程，至1932年11月完工，填筑海滩总面积152479平方米，全线约3068米。海后滩筑堤后重新建造大小28座码头，其中有甲类码头4座，亚细亚火油公司码头由政府购买；乙类码头6座；丙类码头18座。

亚细亚火油公司码头是由陆地伸进海中的桥台式码头，由钢铁焊接而成的引桥和长方形的平台组成。桥长120米，宽1.95米。桥两侧为桥墩，墩间有纵横相连和上下斜拉的铁条，桥面和平台上均铺枕木。油罐在距码头西北约50米的近海台地上，旁边新建了不少新油罐，但这些旧油罐至今仍在使用。办公楼为一栋建在高台之上的三层洋楼，尽管在中华人民共和国成立后经翻修过，但它的布局、墙体、门窗、壁炉等均保持原状。

清代恽祖祁记道："虎头迤南，即日斯（西班牙）商人玛甘保蒙租

---

[1] 苏西：《鼓浪屿宗教》，厦门大学出版社2011年版，第113页。

海滩，为德国宝记、英国嘉士划租油池。"[①] 1909年，德国宝记洋行将海边的滩地转租给了亚细亚火油公司。亚细亚公司在此设立油库（油池）。美国人毕腓力记道："近年来开设在厦门的大批发商行当中，有1904年美国纽约的美孚煤油公司和1907年的亚细亚火油公司……亚细亚火油公司的设施在厦门港的港内，建得甚好，有一个能贮存4000吨或1325000加仑的贮油罐。其货栈能够贮存5万桶每桶10加仑的油。"1929年，亚细亚火油码头由打石字迁往嵩屿。

古舆地图和航海图中，1892年《厦门内港图》绘有"petroleum pier"（油码头），1920年代《厦门城市略图》描绘了亚细亚油公司，1942年《厦门港略图》绘有亚细亚公司码头。

二十二、妈祖宫码头

妈祖宫码头在今晨光路，主要供国内小轮船和木帆船靠泊。妈祖宫码头得名于昔时厦门市区有部分妈祖的神轿及信众，从该处海滩分乘数十只帆船，排成一字长蛇阵的船队，通过鹭江海面，驶往大担岛登陆后，到祀奉妈祖的前园宫谒祖进香，而回来时也是从该海滩登陆，后来该处建筑一座码头，称为妈祖宫码头。

鹭江道筑堤工程始于1926年，历时10年，至1936年才全部完成。从第一码头（船坞）至厦港电厂全长3020米，连同筼筜港湾内沿岸修建大小码头32座，有第一至第九码头、中山码头、水仙宫码头、妈祖宫码头、虎头山码头等，其中邮电局至妈祖宫码头一段工程最为艰巨，投资最大。1929年夏，已经完成之鹭江道第二段堤岸自邮政局码头至妈祖宫码头这一段，忽然在一次海啸中全段崩塌。

---

① 庄隆平主编：《近代史资料文库》（第1卷），上海书店出版社2009年版，第523页。

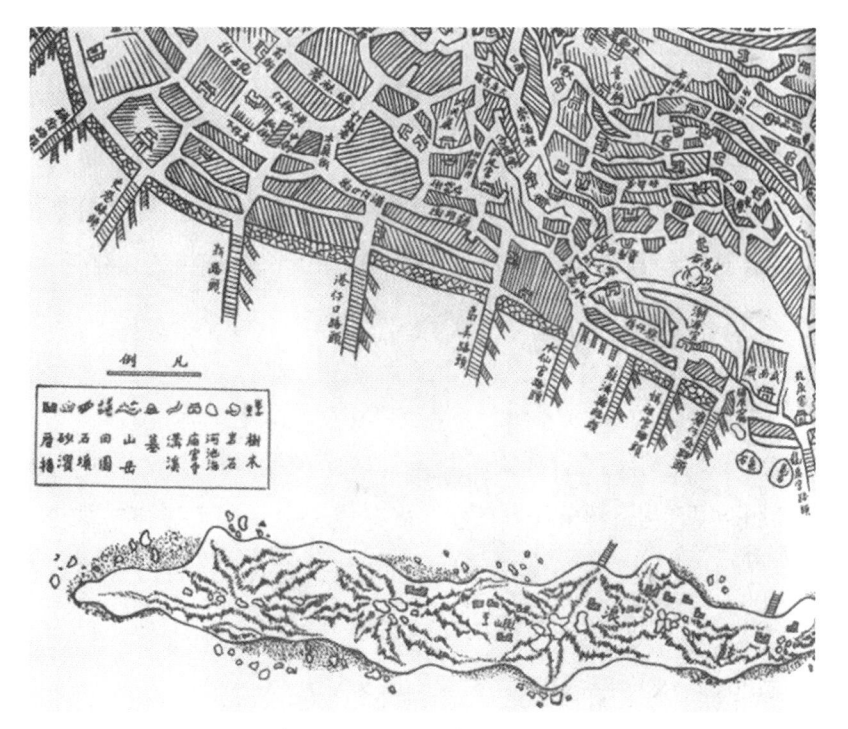

同治《厦门旧城市图》之妈祖宫路头

1938年5月3日，日军攻陷厦门，同年5月27日，日本驻厦门领事馆再次开馆，其馆务直隶于日本外务省。复馆后，馆址迁至妈祖宫码头，将旧海港检疫所改为领事馆办公室，即今厦门鹭江道44号。

1949年1月5日，厦门的报纸曾报道，有两艘海关舰从上海运来1000多箱金银，交央行厦门分行卸货存库。央行仓库原来是由吴姓装卸工负责往仓库装卸，从船上卸货运抵央行仓库的是由妈祖宫码头的李姓工人负责，由于此批货数量巨大，可获得丰厚的工钱，引起两派工人的争斗，直到宪警前来才制止冲突扩大。

1950年2月13日，妈祖宫码头管理委员会成立。3月11日，海关码头和妈祖宫码头组织160人的担架队参加支前。7月3日，为克服暂时经济困难，厦门码头工人主动报名还乡生产，妈祖宫码头140名工人中，还乡80余人。舢舨生产委员会成立于1950年2月28日，主要承担厦门至鼓浪屿的客货渡运，航线一条是从妈祖宫码头至鼓浪屿的新路头码头；一条是从水仙宫码头至鼓浪屿龙头渡头，货物有居民生活物资、工厂原材料等。

旧舆图和海图中，同治《厦门旧城市图》、光绪《厦门内港图》、光绪《厦门城市全图》、1920年代《厦门城市略图》绘有妈祖宫码头。

二十三、马銮码头

马銮码头在集美区杏滨街道马銮社区南马銮海堤中段。据2010年《厦门市地名志》载，1960年马銮海堤建成，在其深水段建一踏步式客货运码头，满足内海客运需要。1977年新华玻璃厂出资改建码头，总投资1200万元。设计吞吐能力为12万吨，3000吨级泊位，长60米，高桩承台结构，1978年建成货主专用码头。

2018年底，在海沧区东孚街道东瑶村和贞岱村交界处发现明代马銮古渡口遗址，由古埭、古码头、古桥和护堤组成。古埭堤岸旧时作为海船靠泊的码头，现岸壁上还保留简易石梯，专家推测为明代闽南先民建造的下尾塘和上埭石埭。在堤坝西侧30米处存有石阶，推测是一个由码头和堤坝组成的古渡口，可能是马銮湾西港遗址。

清光绪二十年（1894），同安与厦门岛通航10吨左右的载客小火轮。自光绪中叶至民国间，厦门小火轮开往同安的航线包括厦门岛往返灌口、马銮、鼎尾。[①]

二十四、小嶝码头

小嶝码头在小嶝岛，位于翔安半岛的东南沿海，属翔安区大嶝街

---

① 同安县科学技术委员会编：《同安县科学技术志》，1995年版，第64页。

道管辖。

明清时期小嶝海运发达,航户经济实力雄厚,有财力建造三桅甚至五桅的大海船,长十几丈,载重100多吨,清同治年间,船户邱大顺在福州建码头,以此为基地南下广州、汕头,北上烟台、天津各地,甚至远航南洋,并从琉球带回一棵铁树,为厦门市树龄最长、树体最大的铁树,被誉为"八闽铁树王",成为小嶝岛海岛渔村特色旅游景点之一。①

民国《金门县志》载:"清乾隆四十一年(1776),奉文于大、小嶝澳(前系左营管辖)、陈坑澳(前系右营管辖)各设澳甲一名,稽查船只;其大商船梁头一丈以上者,应领给关牌厅照考。"

据1989年《厦门交通志》载,小嶝渡口码头建于1977年,客、货类码头,突堤条石结构,面高程7.85米,长21米,1个泊位,靠泊能力50吨级;前堡码头建于1953年,煤类码头,突堤条石结构,面高程7.85米,长40米,1个泊位,靠泊能力50吨级;广播站码头建于1958年,柴油类码头,突堤条石结构,面高程7.85米,长14米,1个泊位,靠泊能力40吨级;石堡码头建于1968年,建材类码头,突堤条石结构,面高程8米,长15米,1个泊位,靠泊能力50吨级。

二十五、大嶝码头

大嶝码头在大嶝岛,位于厦门东部海面,现属翔安区管辖。

清蔡永兼《西山杂志》记载了官澳到大小嶝的航线:"官澳与大小嶝隔水相望,潮汐晏远之时,秋日可涉水至嶝门也,大小嶝之业海者,有涉水至官澳者,则瞭望崎岖一线路迹。"清代李廷钰《海疆要略必究》和民国《厦门市志》载有小嶝的航路针经。

---

① 王喜根:《探访中国古村镇》,江苏人民出版社2022年版,第257页。

大嶝渡口码头建于1957年，系客、货类码头，突堤条石结构，面高程8米，长90米，3个泊位，靠泊能力50吨级。①大嶝1号码头建于1953年，盐、杂货类码头，突堤条石结构，面高程7.85米，长30米，1个泊位，靠泊能力50吨级。大嶝3号建于1962年，粮、杂货码头，突堤条石结构，面高程8米，长80米，2个泊位，靠泊能力50吨级。田墘码头建于1968年，盐、建材、煤码头，突堤条石结构，面高程8米，长38米，1个泊位，靠泊能力60吨级。西坨码头建于1984年，盐类码头，突堤栈桥式，面高程8.24米，长51米，1个泊位，靠泊能力500吨级。嶝崎码头建于1959年，盐、建材类码头，突堤条石结构，面高程7.25米，长50米，2个泊位，靠泊能力40吨级。阳塘码头建于1977年，盐、建材类码头，突堤条石结构，面高程8米，长40米，1个泊位，靠泊能力50吨级。东星码头建于1976年，盐类码头，突堤条石结构，面高程8米，长25米，1个泊位，靠泊能力40吨级。

清蒋师辙《台游日记》载："商船自厦来台，由泉防厅给发印单，开载舵工水手年貌，并所载货物，于厦之大嶝门会同武汛照单验放；自台回厦，由台防厅查明换给印单，于鹿耳门会同武汛照验出口。"

清张湄《泊澎湖》诗云："大嶝门外渡横洋，群山灭影流汤汤。天水相交上下碧，中间一叶凌波扬……"② 他还有一首《大嶝门》云："门经大嶝渡横洋，五色波中漾日光。起碇声高惊晓梦，吟魂倾仄寄悬床。"③

---

① 厦门城市建设志编纂委员会编：《厦门城市建设志》，中国统计出版社2000年版，第126页。
② 连横：《台湾诗乘》，文海出版社1977年版，第48页。
③ [清]余文仪纂修：《续修台湾府志》，卷24，第899页。

第三章　泉州码头

据1998年《泉州市交通志》载,泉州地区曾在今鲤城、惠安、石狮、南安、安溪、永春和德化等县区市的港湾和晋江流域设置渡口146个。后来由于建桥撤渡和河道淤积废弃,渡口逐渐减少。据1997年《鲤城交通志》载,宋代以来,泉州(今鲤城区)渡口有黄龙渡、黄石头渡、前洲渡、锦溪渡、潘山渡、三堡渡、土地后渡、乌墩白水营渡、乌屿王厝渡、乌屿董厝渡、后渚渡等处。据明黄仲昭《八闽通志》载,明弘治年间泉州渡口如表3-1所示。

表3-1　弘治年间泉州渡口

地县	渡口
南安县	黄龙渡、湾下渡、白叶渡、罗水渡、杨客渡、黄石渡、澳头渡、便口渡、郑山渡
永春县	吴浦渡、薛坂渡、大洋渡、建口渡、下林渡

据《道光重纂福建通志》载,清道光年间泉州渡口如表3-2所示。

表3-2　道光年间泉州渡口

地县	渡口
晋江	石井义渡、东石渡、祥芝渡、蚶江渡、溜石渡、东山渡、浔尾渡
南安县	金鸡渡、黄石渡、黄龙渡、澳头渡、郑山渡、便口渡、格后渡、坑尾桥渡、侍御渡、溪口渡、湾下渡、白叶渡、前园渡、珠渊渡、溪尾渡、坑尾渡、罗水渡、杨客渡

续表

地县	渡口
安溪县	黄龙渡、薛坂渡、常沿渡、吴浦渡、凌渊渡、澳下渡、大洋渡、苎园渡、源口渡、小溪渡、官仓庙渡、河溪渡、下林渡、罗渡、黄家渡
德化县	大通渡、石柱渡、仓场渡、湖坂渡

据1998年《泉州市交通志》，1990年底设置的泉州渡口如表3-3所示。

表3-3　1990年泉州渡口

地县	渡口
鲤城区	后渚、后厝、泉州内港（富美）、黄石头
惠安县	肖厝、白奇
晋江县	溜石、六陟门、溪头、海尾、仙石
石狮县	蚶江
南安县	秋阳、天桥、青林、宫下、丰联、龙虾、诗口、演内、东坡、林坂、村内、水吼、前峰、前山、西林上、小路、洪园、东坂、村口、梧山、松林、英山、溪州、井兜、石龟云、长厅、石砻、下福、大泳、珠渊、镇山、溪口、岩头、李东、新山、双林上、双林下、霞东、龙口、石井
安溪县	埔口、尾山、溪头、枫脚、园潭、许埔、塔脚、当英、蓬州、鲁藤、美滨、柳楠、汤内、渊港、大演、小溪、云林、美溪
德化县	石柱

一、林銮渡

林銮渡又称石湖码头、蚶江港，在泉州石狮市蚶江镇、石湖半岛、泉州湾口中部、晋江和洛阳江交汇处的海口，距泉州城区27千米。据清乾隆时晋江人蔡永兼《西山杂志》记载，唐开元八年（720），林銮在石湖建造码头，世称林銮渡。[1] 石湖古称日湖，石湖码头与江口码头共同构成古泉州港的码头设施体系。宋代，蚶江就有渡船往返泉州渡口，迄今尚有前垵古渡、后垵古渡，基本完好。

林銮渡建于两块天然岩石间，全长113.5米，末端向东，呈曲尺状，由一组近岸礁石和古渡头引堤通济栈桥组成。礁石如巨鲸横卧岸边，一头斜伸入水，临海的斜坡犹如巨鲸的背部，在上面凿出石阶和拴缆孔，便于系缆泊船。旁有连接两块礁石、用条石砌筑的小型栈桥。古渡头及引堰均嵌砌于海底礁石盘上，用每条数吨重的巨石砌筑而成。渡头装有木吊杆以便装卸货物。主体长六七十米，宽2.2米，高出海滩1.5~2.9米，为长石纵横筑砌而成，上横石板，以花岗岩条石分层砌筑，采用松木桩加固。元祐年间（1086—1094），官员傅琎在礁石与岸线之间加筑通济桥，使得码头的功能更为完备。通济桥连接岸边村落和前面的大礁石码头，既方便从大礁石处停船登岸，还可在高潮位时作为靠岸的设施。栈桥最下层保留了宋代的石质桥基，其上部可见后代对栈桥的多次修补痕迹。林銮渡选址非常科学，在晋江出海口南岸，受地转偏向力的影响，流量较大，航道较深，处于礁石之中，地质稳固。石湖半岛三面临海，西侧为一半月形海湾，形成天然的避风良港。石湖港航道海底为平岸花岗岩结构，不易淤积，适合大型船舶停泊。

林銮是著名航海家，曾首航勃泥（加里曼丹岛），开拓了晋江至南洋群岛航线。唐开元八年（720），林銮拥有大船数十艘，航行于东南亚一带。林銮投巨资在泉州湾、围头湾创建航运码头、船场、航标塔，使石湖码头航运功能得到更加充分的利用。《西山杂志》记载了林銮为了导引蕃舶安全入港，从东石港口沿海滨到围头角建造7座石塔，即

---

[1] 李灿煌编著：《泉南掌故札记》，国际文化出版公司1998年版，第95页。

钟厝塔、钱店塔、石菌塔、刘氏塔、凤鸣塔、西资塔和象立塔，总称林家石塔，也叫七星塔。林銮古渡繁荣了市场，周边形成渡尾街。北宋熙宁初（1068），建石湖寨城。明初，石湖置巡检司。码头与石湖寨门相连。在蚶江古渡口海岸线，可见蚶江村北处烟墩山上，有一座1948年旅菲华侨林水褆捐建的航标石塔，称万安塔。

宋代，蚶江港已有一定规模，是蕃舶常来常往的地方。[①] 清乾隆四十九年（1784），开放彰化县鹿港与蚶江对渡，在蚶江设立蚶江海防官署，移福宁府通判于蚶江青莪，封验巡防。乾隆五十一年（1786），提督任承恩率兵由蚶江渡入鹿港征战，厦门商运船只，不许越赴泉州府属之蚶江口渡。同年，调蓝元枚为水师提督，提兵由蚶江配渡前赴会剿。次年，调李侍尧任闽浙总督，驻蚶江。伍拉纳上疏请在出海口设立官渡，以便稽查。规定去台在蚶江出海，民船从厦门出渡，要到蚶江报验。乾隆五十三年（1788），蚶江船户由鹿港传本宫苏府王爷之香火到蚶江。[②] 乾隆五十七年（1792），开台湾淡水厅所辖的八里坌口对渡福州五虎门，斜对蚶江。[③] 道光四年（1824），开放蚶江海丰。蚶江对渡彰化县鹿港，水程七更。光绪初，台北成为台湾首府，蚶江港与鹿港相继中落。至光绪二十一年（1895）中日《马关条约》把台湾割让给日本，蚶江与鹿港、八里岔的对渡也宣告结束，蚶江海防官署随之关闭。

鹿港后来被泥沙淤积，嘉庆中叶后，商船已渐改往南方的王功港。道光年间，王功港也淤塞，船只改从番仔挖（今芳苑乡）出入。同治年间，番仔挖也淤塞。光绪年间，在鹿港以西4千米处新开冲西港。

[①] 吴幼雄、黄伟民、陈桂炳主编：《泉州史迹研究》，厦门大学出版社1998年版，第85页。

[②] 林那北：《过台湾》，海峡文艺出版社2012年版，第147页。

[③] 陈支平、肖惠中主编：《海上丝绸之路与泉港海国文明》，厦门大学出版社2015年版，第307页。

清林树梅《再渡台湾记》载："十二月，东北风，欲渡鹿耳，必北折崇武，六日启程并往崇武，再由崇武出外洋，为风潮所阻，水米殆尽，鹿耳港水道阏塞，除夕始至番仔洼。"

闽台对渡文化节暨蚶江海上泼水节，首届于2007年6月19日端午节在蚶江举办，2011年列入第三批国家级非物质文化遗产名录。海上泼水节最早出现于明代。端午节这天，蚶江古渡举办海上龙舟竞渡邀请赛、港台海外灯谜展猜、船上南音联唱、当年对渡所用船"金再兴号"海上巡游仪式。1978年在蚶江发现了嘉庆十一年（1806）署理泉州府蚶江海防通判事、长垣郑鋆谨撰，候选教谕、同安许温其书的《新建蚶江海防官署碑记》，现存蚶江镇前垵村清代海防官署遗址内。[1] 鹿港诸郊商曾多次资助重修蚶江龙显宫，现存1993年蚶江龙显宫董事会《重修蚶江龙显宫碑记》，还有李建成的对渡石碑。

明永乐五年（1407），郑和第五次下西洋时，部分船队曾在蚶江停泊，留下三宝溪遗址。1981年，石湖码头水域打捞出一件明代四爪铁锚，现陈列于泉州开元寺的古船陈列馆。[2] 1597年罗懋登《三宝太监西洋记通俗演义》中有一张船员打造船锚的插图，其铁锚形状与在石湖码头发现的明船锚造型一致。传说，郑和船队经过石湖六胜塔附近洋面时突遇狂风，郑和下令将镇海神针投入海中，顿时风波平息。据清《西山杂志》载，与郑和并肩领航的福建籍航海家王景弘在出航前"调雇泉州船，以东石沿海名导引，从苏州刘家港入海，至泉州寄泊"。现泉州台商投资区百崎回族乡有接官亭、郑和堤，东园琅山有三宝宫，晋江深沪有三保街。《山海明鉴针路》载："三宝爷宫口渡头尾东

---

[1] 庄为玑、王连茂：《闽台关系族谱资料选编》，福建人民出版社1984年版，第468页。

[2] 泉州市科学技术志委会编：《泉州市科学技术志》，中国科学技术出版社1994年版，第175页。

面有寮牛礁一块。看横山步,姑嫂塔搭日湖塔,小开改正身。"清林树梅《闽海握要图说》载:"与泉州之蚶江对渡者,为彰化县之鹿港,水程七更。"道光《福建全省洋图》绘制了从蚶江到鹿仔港的航线,注"蚶江配渡至鹿仔港,计程七更"。林銮渡边建有再借亭,纪念明清官曾樱。"再借亭"三字出自明代晋江书法家张瑞图。2006年,林銮渡列为第六批全国重点文物保护单位。

泉州海交馆、泉州历史研究会《蚶江—鹿港对渡205周年贺诗》云:"犹是鲸澜鹿港波,闽台旧迹岁艰磨。蚶江对渡昭青史,二百余年情谊多。"[1]

1993年起,规划在蚶江镇港口大道距林銮渡1千米处的一个小渔村兴建万吨级多用途泊位的现代化新"石湖港区",计划总投资16.7亿元,泊位长200米,港区面积近40万平方米,年吞吐能力40万吨。1996年4月,新石湖港口开工建设,1997年9月完成全部水上工程,1998年开始石湖港区建设。2003年,石湖港区已成为泉州湾中心港区的重要组成部分,是泉州湾唯一具备万吨级以上多用途泊位的一类口岸,有3000

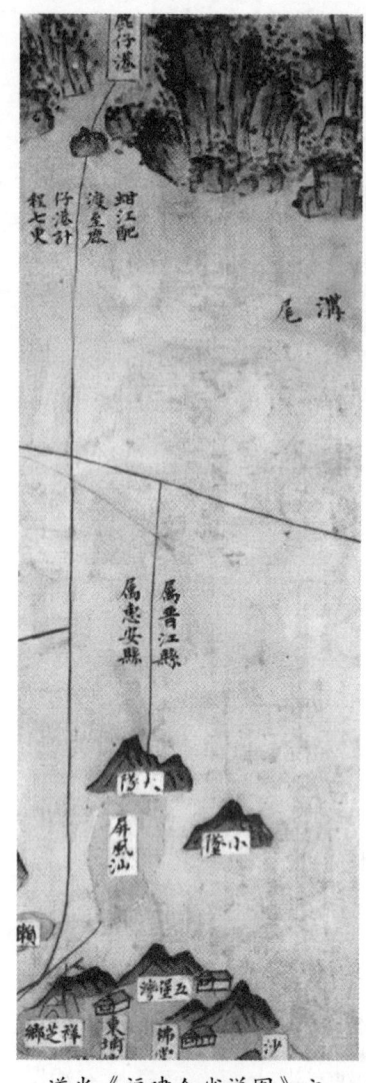

道光《福建全省洋图》之
蚶江配渡

---

[1] 石狮市政协文史资料委员会:《石狮掌故》,2004年版,第226页。

吨级、万吨级、3万吨级泊位各1个，投资8000万元的5万吨级泊位也在建设中。2017年，新石湖港口完成并投入运营的有上述1号~4号4个泊位，年吞吐量2700万吨，集装箱吞吐量达131万箱，成为国家一类口岸；还有2个泊位在建，2个泊位待建。全部建成后，具备集装箱运量300万箱、散大货300万吨的运力。2021年7月25日，泉州列入《世界文化遗产名录》，成为中国第56处世界遗产，石湖码头是其22处代表性古迹遗址之一。2022年9月15日，"沃德菲宁波号"集装箱轮从石湖码头驶出，前往俄罗斯符拉迪沃斯托克（海参崴），标志着泉州开通了俄罗斯远东外贸航线。

古舆地图和航海图中，明《泉州府舆地图说》、康熙《福建海岸全图》、道光《福建全省洋图》都描绘了蚶江配渡。

二、江口码头

江口码头在泉州古城东南的晋江北岸、丰泽区东海街道法石社区，是宋元泉州城区与港区水陆转运的枢纽、沿江的集群商业码头。法石港是刺桐港三湾十二港之一，辖美山、长春、文兴、圣殿等8处古码头，是泉州作为世界遗产的22处代表性古迹遗址之一。

文兴码头地处晋江入海口，枕山襟海，背靠万岁山、宝觉山、桃花山，南临滔滔晋江水，南北岸距离约1千米。码头呈南北走向，从江岸自

"文兴码头"碑

上而下延伸于江底，花岗岩构筑的台阶静卧于滩涂之上。码头整体造型为平缓的石结构斜坡阶梯式，以错缝形式为主砌筑。码头以松木桩加固，现存部分长34米，宽3.5米，占地面积1000平方米。在铺筑

方式上与后渚港发现的古码头一样，采用睡木沉基法，以瓦砾上铺木为基础，再垒砌条石，千年不衰，沿用至今仍保持历史风貌。1973年夏天，厦门大学历史系教授庄为玑在泉州湾后渚港发现了睡木沉基结构的古码头，以及一艘南宋古沉船，1974年出土时残长24.2米，残宽9.15米。1982年，在文兴码头以东，发现一处南宋时期废弃于江岸边的古船遗存，这是继泉州湾后渚港沉船之后的又一重大考古发现。2003年5月—6月，为配合沿海大通道建设，福建省博物院考古所、丰泽区文化发展中心组成考古队，对文兴码头、美山码头进行抢救性考古发掘，发掘了近400平方米的面积，出土有南宋时晋江磁灶窑烧造的小口瓶以及泉州产青瓷，为沉船年代的确定提供了依据，证实两个码头自宋代建构。考古结束后，对码头构件进行归安，形成一个遗址保护展示工程，称"江口码头"。

文兴古渡口上有镇风塔宝箧印经石塔，曾是晋江入海口的一座航标塔，是码头的标志。元至元二十九年（1292），意大利人马可·波罗奉忽必烈之命，护送蒙古公主远嫁波斯合赞大王，乘13艘大船，曾靠泊文兴渡补给，遗址称为马可巷、马可井。[1] 码头背后约40米处有一座奉祀水神的王爷宫和一座奉祀保生大帝的文兴宫，码头西北侧石头山上还有一座真武庙。南宋泉州太守真德秀的《西山文集》内收有在真武庙祭海的祝文。码头周边有惠安百崎回族祖祠、清代历署四川总督黄宗汉祖祠、烟墩山烽火台，曾发现西班牙查理二世银币及唐至清代近百种铜钱币。文兴码头周边奉祀多种神祇。明清时期文兴宫有送王爷船习俗。码头广场为文兴古码头的配套建筑，与真武庙等协调相衬。

美山古码头又称美山渡，是古代泉州城区与后渚港区水陆交通的枢纽。美山码头临江筑就石构墩台，以一丁一顺的方法交替叠砌，长

---

[1] 苏解放主编：《丰泽风景名胜》，2006年版，第78页。

30米，宽20米。墩台东西两侧各附有一条南北走向的石构斜坡式道路，向南延伸至江中。墩台台基由下而上渐次内收，外侧壁面呈斜状，当晋江江水处于高潮位时可停泊大型船舶。美山码头附近有祭祀海神的天妃宫。宫庙周边民居采用牡蛎壳作为外墙建筑材料，蚵种产于非洲东海岸。美山码头北侧是清初课税口即海关报税口遗址。[①] 美山是宋元时造船的场所，当地仍有造船巷、打帆巷等地名。

乾隆四十八年（1783），由法石全体船户镌刻《泽被海滨碑记》，立在法石眉山天后宫。碑文载："澳有二十四，而法石为要，盖通南关，外接大墜，实商渔出入必由之所，亦远近辐辏咸至之区。"

2006年5月，文兴码头与美山码头、真武庙及石狮市的六胜塔、姑嫂塔、石湖码头合并称为泉州港古建筑，列为第六批全国重点文物保护单位。

三、洪濑渡

洪濑渡在晋江东溪中游，早期水深6~8米，船运方便。据《南安年鉴1999》载，梁天监三年（504），梁武帝置南安郡于丰州城，由于洪濑毗邻郡治，水陆交通方便，所以逐渐形成集镇。隋唐五代之后，随着东溪船运的开通，洪濑商埠、码头开始繁荣。[②]《福建通志》载："闽书云，水自小麓溪出路，通永德，鱼腊成市以资永德人，方舆纪要云，在县北下流入于双溪。"

洪濑渡有着众多渡口。祠口渡在五都祠口街尾（溪霞村祠口）；郑山渡在十九都琉塘乡（前峰村琉瑭大桥边）；园内渡在鸭母桥顶（康

[①] 苏解放主编：《丰泽风景名胜》，2006年版，第85页。

[②] 丁德斌、钟介保主编：《中国古镇精华游》，同济大学出版社2013年版，第99页。

美镇园内村);湖尾渡(西林村)、猛虎渡(东林村)、洋尾渡(扬美村),俱在十九都;格后渡(梅山镇)、坑尾渡(康美镇)、古塘寨(康美镇)、东坂渡(康美镇),俱在二十都。双溪源自永春安溪二县,汇流至大延村澳头渡,流至马头渡诗口村,合流于郑山渡。

清至民国时,设驿运站,是东西溪各类船舶及物资的转运地。东溪航道因水流落差大,洪濑至永春还有拉船工。1931年,福建省防军建洪濑大桥时,在金狮宫口建石码头一座,当时建桥围堰形成桥下东西两港道,东港为主航道,靠洪濑街。1956年整治航道时,在该处建钢筋混凝土泊位码头一座,台高6米,长50米,取代金狮宫口的码头。1965年,福建省社教总团对洪濑镇进行总体规划时,在莱洲宫口附近建石台阶码头一座。

明陈国琠《洪濑渡》诗云:"去去町畦远,万家一水湄。屠沽争野店,稻黍熟塘枝。鹭没椅边渚,蝉鸣坞外枝。嗟予何所务,牛笛正催诗。"[1]

四、沙格澳码头

沙格澳在湄洲湾南岸、泉港区南埔镇沙格村东南面。据《惠安县志》记载,唐神龙、景龙年间(705—710)沙格就开始发展捕鱼业。附近现存码头遗址有沙格澳、添奇港、肖厝澳、圭峰澳、打银澳、土坑澳等。

据明手抄本《沙堤开辟目录》载:唐中宗时,有闽阎(今福清)胡、张二人因经营蚀本,不得回乡,

康熙《福建海岸全图》之沙格

---

[1] 黄荣周主编:《洪濑镇志》,人民日报出版社2009年版,第769页。

无奈在沙汕结草为屋,捕鱼为业。不久胡、张二人回乡招徕族亲,入沙格兴建土木。宋代,沙格澳与南洋通航。元代,沙格设巡检司,在县北十都,明洪武二十年(1387)徙于八都峰尾村,故址尚存。洪武十六年(1383),沙格澳设河泊所,征收渔课。

五、万安渡

万安渡也称洛阳渡,在泉州城北的惠安、晋江交界处的洛阳江边,原为古泉州湾洛阳港。宋方勺《泊宅编》载:"泉州万安渡,水阔五里,上流接大溪,外即海也。每风潮交作,数日不可渡。"

"万安桥记"碑

唐贞元十三年(797),福建观察使柳冕曾在万安渡旁置牧马场万安监。会昌年间(841—846),唐宣宗即位前曾微服南行,经过这里,叹曰:"大类吾洛阳。"五代清溪(安溪)县令詹敦仁《洛阳渡看潮有感钱塘潮而作》云:"初看一线白如毫,雪拥银山万丈高。谁识英雄忠愤志,至今海怒激成涛。"群众为祈求平安过渡,把渡口称为万安渡。

北宋皇祐年间(1049—1054),泉州太守蔡襄为方便群众过渡,在万安渡主持修建万安桥(洛阳桥),开创了在海港建设大石桥的先河。蔡襄曾写过一篇《万安桥记》,记载了万安桥的建造时间、桥的长宽、造桥花费、参与人员等,分刻在两石碑上,碑刻之一损毁,后于1963

年摹拟重刻；另一为北宋原刻，原露天崖刻于岸左，宣和年间由在泉州任市舶司后为知州的蔡襄曾孙蔡桓拓本重刻立于蔡襄祠内。

万安渡有摩崖石刻："玄续记蔡端明书，在宋代为第一。万安渡直欲迫摩崖，此数诗结体员劲，典型俱在，驳骚入颜，光禄之室矣。嘉靖甲寅六月三日雨中借姚氏本观苍润轩因题。"《闽中金石志》录此文时，其标题为蔡端明诗刻。

清张云翼《咏万安桥》诗云："端明学士守泉时，万安渡头行人悲。……"蔡襄祠西廊立有1940年王梦古《重修蔡忠惠公祠落成》诗碑："洛阳渡口水弥漫，太守祠前抚石栏。万点蛎房尤在望，五朝墨渖未全干。名桥已共劫灰尽，沧海长留古庙寒。隔岸三千六百尺，凭谁只手挽狂澜？"[1]

六、金溪渡

金溪渡又称金鸡渡，在南安市丰州镇九日山下金溪处。丰州（古南安县城）西郊有金鸡港，古码头在金鸡桥下，从这里发泊放洋可通往海外。明弘治《将乐县志》记载，该县的金溪渡原来置有渡船，后来废坏，往来者十分不便。弘治十年（1497），义官谢高倡议众人出资建造渡船，并且"买田若干以为守渡人修船之费"。

金溪江上本无桥可通，只有古渡，是古代安海、石井一带北上到南安县治丰州的必经之地。金溪南畔，金鸡桥之南端，有金鸡山。山上有两方摩崖石刻，一方刻有"金溪夜月"四字，两边字迹为"乙酉季春""江陵李日义题"；另一方刻着"鹤立"两字，两旁刻"干隆癸丑仲秋""三山陈学圣题"。金鸡山，俗传尝有金鸡栖其上，上下有渡。

---

[1] 泉州市建委修志办公室编：《泉州市建筑志》，中国城市出版社1995年版，第405页。

北宋宣和年间（1119—1125），金鸡渡上建起一座金鸡桥。南宋时，海船还可到达丰州九日山下的金鸡桥。据九日山司马伋祈风摩崖石刻所记，淳熙十年（1183）阴历二十四（退潮期），祈风后还可待潮返舟而回泉州郡城。宋时，泉州市舶司设在郡城南水仙门内（今水门巷），附近有一条巷叫舶司库巷，可见水仙门就在江边，且海船能够靠岸验关和卸货。

"金溪夜月"石刻

金鸡港在两晋、南北朝时期是有名的六朝古港，为古南安三大港口之一，另两处在水头与石井。宋赞宁《高僧传》《续高僧传》载，拘那罗陀，南梁大同十一年（545）武帝派张记抵扶南叩请之，于次年八月返回南海，北上梁安（南安）住锡延福寺，学汉语汉文，译经讲经。南陈永定间（557—559）再入延福，翌年九月欲返西国，乘大舶航发梁安。高僧几次往返皆从金溪港登船。

南宋洪迈《夷坚丁志·金溪渡谶》载，泉州南安县金溪渡，去县数里，阔百余丈，湍险深峻，不可以为梁，旧相传谶语曰："金溪通人行，状元方始生。"郡人姓金者多更名"通行"，姓方者多更名"始生"，无一应验。后来北宋崇宁进士江常回乡为母丁忧，到金鸡渡南岸，联竹筏为小桥，可轻车往来。靖康二年（1127）梁克家出生，绍兴三十年（1160）中状元。

民国时期，内河安全管理由船排公会和金鸡、洪濑、溪美、大宇驿运站负责。1954年，晋江专区航运管理处和下属的晋东、南安（包括仑苍、洪濑、金鸡、九都分站）、安溪（包括湖头分站）和永春航管站负责内河的安全管理工作。

2014年，金溪畔后田村在土丘中挖掘出陶片、贝壳，鉴定可能产生于秦汉时期。后田村古时为后田港,是隶属梁安古港的船舶避风停歇内港。德国法兰克福图书馆收藏了一幅17世纪荷兰画家所绘的丰州码头,上有金鸡渡。①

宋傅伯成《金溪渡》诗云:"长江渺天末,照此两山青。落日寒潮上,苍烟孤艇横。"②

七、黄龙渡

黄龙渡又称龙津渡、溜滨渡口,在安溪凤城镇南街(今大同路)与蓝溪溪岸交汇处。据《泉州市交通志》载,宋绍兴八年(1138),知县倪察在黄龙渡首建浮桥。天顺四年(1460)李森修,又圮,仍以船为渡。自明万历四十五年(1617)至清康熙十二年(1673),该桥四度重建,皆毁于洪水,此后靠船为渡。

自绍兴二十一年(1151)起,朱熹任泉州府同安县主簿兼领学事的5年间,曾为清溪标题八景,其中"薛坂晓霞""芦濑行舟""葛磐坐钓""东皋渔舍""南市酒家""龙津夜月"都与码头渡口有关。③龙津夜月在黄龙山渡头,指龙津渡和龙津桥。后人曾叹"龙津无桥空夜月"。

清洪龙见《南宋清溪(安溪)八景》云:"凤麓春阴驯雉时,龙津夜月赋新诗。东皋渔舍欢呼彻,南市酒家醉舞欹。芦濑行舟长破浪,葛磐坐钓闲垂丝。阆岩夕照冈陵翠,薛坂晓霞花满枝。"④ 知县庄成

---

① 庄萍萍:《探析海上丝绸之路——以福建南安九日山为例》,《文物鉴定与鉴赏》2018年第19期,第60—61页。
② 陈国仕辑录:《丰州集稿》,1992年版,第159页。
③ 林振礼:《朱熹新探》,中国广播电视出版社2004年版,第346页。
④ [清]谢宸荃主修、[清]洪龙见主纂,福建省安溪县志工作委员会整理:《安溪县志》,2003年版,第136页。

《龙津夜月》云："环城一水号龙津，好比银河一样清。待得团圆三五夜，晶光照彻更分明。"①

八、东石渡

东石渡在晋江东石镇，亦称旧码头。据《西山杂志》载，东石寨原是闽中畲家寨，东吴黄武时（222—229），交州太守由金鸡江浮舟，六月风飚，驶停畲家寨下。穆帝升平时（357—361），林开基舟泊畲家寨之半坡。隋开皇元年（581）重建。"东石之舟，唐宋时，俱以王尧所造式。"

据2007年《晋江市地名志》，在宋元泉州刺桐港兴盛之时，东石码头为其十大分港之一，现尚有旧码头遗址。道光《晋江县志》中记载了十都东石渡、二十一都祥芝渡、二十三都蚶江渡、三十都溜石渡、三十五都浔尾渡。

1932年东石码头破土动工，1933年8月竣工启用，向海中延伸160米，是当时全省最长的钢筋水泥码头。② 1979年，东石码头经国务院批准为福建省21个对外贸易港口起运点之一。1985年增建300吨级两泊位栈桥式码头一座，是晋江市的主要贸易港口。

九、石井码头

石井码头在南安市石井镇，隔石井江与晋江市东石镇白沙相望。据《方舆汇编·职方典》，石井义渡设于宋代，官员杨柄捐俸造舟以济，乡人往来称便。明代，石井渡口渡船由至东石潘径改为至白沙。民国期间，石井既是内港渡口，也是过江渡口，有至厦门、金门渡运，

---

① 凌文斌主编，安溪县志工作委员会编：《凤山采璞》，2003年版，第10页。
② 林惠玲主编：《凝固乡愁》，海峡文艺出版社2016年版，第135页。

也有至安海、白沙渡运。新中国成立后,石井至厦门、金门和安海等线停渡,只保留与白沙对渡。①

南宋赵令衿有《石井镇安平桥记》。绍兴十四年(1144),置石井巡检司,管理船舶出入口岸事务。明代石井建靖海寨。清初,石井为郑军抗清复台的主要根据地。传说石井江中有5块状似奔马布满绿苔的礁石,是当年郑成功挥师东渡收复台湾宝岛的遗迹,故而石井江俗称五马江。乾隆五十年(1785),石井澳有泉州府南安县的渡船照票。

民国初,设简易码头停泊渔船货轮。由石井渡出发,坐舢板可至东石白沙码头及围头湾等渡口。1918年,在码头下妈祖婆宫设石井海关,隶属泉州海关,客商日达数百,搬运工人数百。1931年,水头观海小学校长吕梓材为进一步发展水陆联运,招厦门南安同乡投资建设石井码头。1932年,陈国辉在石井建钢筋混凝土立式码头一座,东南两面总长150米,高6米,可泊500吨位货轮及载客500人的客轮4艘,并置关卡派兵管理海港出入船只。1939年,石井码头被盘踞金门岛的日机炸毁大半,造成船舶停泊困难。②

1989年,石井码头成对台贸易专用码头,建成1000吨级杂货泊位一个,通过验收交付使用。1998年,石井码头建成一个24万吨的中等泊位。经交通部批准,成为国家二类口岸和台轮停泊点,目前已建成5000吨级码头。③ 2006年10月13日,由泉州南音乐团、晋江掌中木偶团等艺术团体132人组成的泉州文化团从石井码头直航澎湖,举办

---

① 泉州市交通局编:《泉州市交通志》,学林出版社1998年版,第140页。
② 陈鹏主编,政协泉州市委员会编:《泉州与台湾关系文物史迹》,厦门大学出版社2005年版,第160页。
③ 《中国政区大典》编委会编著:《中国政区大典2》,浙江人民出版社1999年版,第921页。

泉州文化周活动。[①] 在两岸"大三通"开启前,"小三通"海上航线已开通石井码头至金门航线,有定时航班。[②] 泉金客运码头在石井镇雄风路,距离金门水头码头航道约22海里,这是福建省对台海上客运直航的第三条航线,有泊位岸线110米,港后场地25亩。

十、祥芝渡

祥芝渡在祥芝港、深沪湾的北端,今属石狮市。祥芝港水深湾阔,是泉州湾外港。唐代已有海舶航行于渤泥、琉球、三佛齐、占城等地。宋元时期海运线可往南,抵达东南亚、西亚及东非诸国;经东海、北海可至日本、朝鲜等国。民国初期,各港口有固定班渡船到泉州。

道光《晋江县志》载:"晋江辖地虽滨海,不立蓄市,盖夷舶不到之区也。内惟蚶江、永宁、祥芝、深沪数处,或造小船,不过商渔贸易而已。其船上可通苏浙,下可抵粤东。即台湾运载,亦用此船。"《厦门志》载:"内地晋江之祥芝、永宁、围头、古浮、深沪各澳,惠安之獭窟、崇武、臭涂各澳,蒙领渔船小照置造船只,潜赴台地各私口装载货物,俱不由正口挂验,无从稽查,无从配谷,俗谓之偏港船。"

1992年11月,祥芝港被批准为国轮外贸运输装卸点,现有千吨级重力式钢筋混凝土结构码头一座,有外侧1000吨级泊位和内侧500吨级泊位各一个,年吞吐量8万吨。拥有仓库800平方米、堆场6000平方米和码头后方车场。1995年,国家在祥芝建造码头,镇政府筹资投建集贸市场和祥渔码头。

[①] 林蔚文、杨际岚主编:《海峡两岸传统文化艺术研究》,海潮摄影艺术出版社2009年版,第9页。

[②] 中共福建省委党史研究和地方志编纂办公室编:《福建省志·厦门海关志1990—2015》,福建科学技术出版社2020年版,第120页。

十一、浯渡渡头

浯渡渡头在泉州城厢南隅,设立时间不晚于宋代。古泉州城,城下设隅,隅下设铺。浯渡铺左有挑水巷同富美码头,右通新桥头顺济桥。道光《晋江县志》载,旧以舟渡。明何乔远有《重修浯渡桥记》。

在浯渡渡头附近的顺济桥边,曾发现清嘉庆二十三年(1818)所立的《重修馆口道头碑记》,记载了有20多家郊行店铺捐银参与重修。

浯渡铺塔堂宫"鹿港郊公置"铁钟

道光十七年(1837),鹿港郊所属的46家商号出资铸造了一口大钟,挂在鹿港郊公堂——泉州南门外浯江铺的塔堂宫内。塔堂宫原为宋浯渡宏济院,石塔构件刻有"鹿港商捐资,锦里(蚶江)黄清文董事重修,道光四年(1824)公立",锦里即蚶江的雅号。铁钟内铸有阳文"泉郡南关外浯江铺塔堂 鹿港郊公置"、阳文楷书"美记号"等共46家商号名称,末署"道光十七年岁次丁酉阳月日谷旦"。

清代中后期,李氏家族在浯渡码头一带把持运输装卸事务。在泉州市南门外海关口西北破腹沟五堡街搬运公司内,曾发现嘉庆十四年(1809)的"奉宪示禁"碑,是关于慈济、浯渡二铺的。碑文中明确禁止当地居民在泉州南门关港口出海要道新桥一带侵占建筑,苛索来往商船。

十二、乌屿码头

乌屿码头在丰泽区城东街道金屿社区(古称乌屿)的洛阳江与海口交汇处、城东镇金屿东北200米。乌屿港,南宋时称"乌屿潭",是

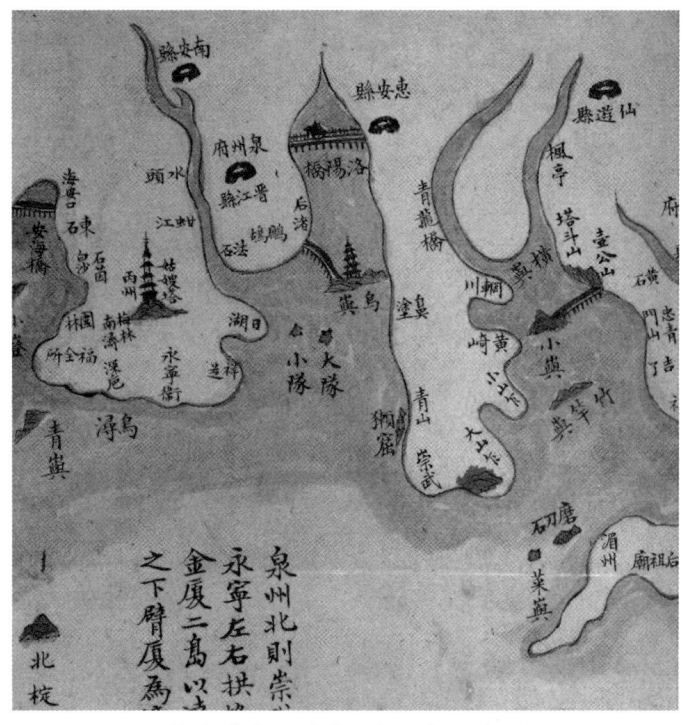

乾隆《海疆洋界形势图》之乌屿

后渚港的副港，东面（洛阳江）航道深，水流缓，可容大船停泊，乌屿码头是宋元明时期通商海外诸国的海岛码头。《闽小记》载："宋元洋艘罗舶于此"，曾有"金乌屿、银后渚"之称。当时港口有码头渡、浔美渡等古渡头。

乌屿即凤屿，是在洛阳江下游出海口的一个小岛。桥南有航标盘光塔，三层四角石塔，底边长3米，通高15米。盘光亭位于桥北，俗称下马亭。亭外今立有一块"乌屿码头遗址"碑。乌屿码头遗址于1998年被列为泉州市文物保护单位。

明陈懋仁《泉南杂志》载："盘光桥，自洛阳桥，东接凤屿。屿在江中央，上多腴田，稠民居。旧有石路，潮落路出，行者病之。"清乾隆《重修乌屿桥碑记》载："乌屿大若弹丸，四面环海，宋明间，洋船常停泊于此，商贾络绎。"

古舆地图和航海图中,康熙《福建海岸全图》和乾隆《海疆洋界形势图》都描绘了乌屿。

十三、围头古渡

围头古渡在晋江市金井镇围头村。《西山杂志》载,宋徽宗宣和七年(1125),黄门侍郎吴敏中"由汴京漕航之晋江,泊舟西南,乃围头也"。据1997年《塘东村志》,在宋元明时期,围头澳的塘东海域,同金井、束石、安海、石井四港,组成东方大港的主要支港。[1] 明洪武二十年(1387)迁陈岩巡检司驻守围头。[2]

"围头古渡头"碑载,围头古渡口自宋元以来,即是东方大港泉州港的一个重要支港,海陆运输曾盛极一时。1936年,乡侨集资建成钢筋混凝土结构的围头古渡码头,是泉南通往台湾、南洋等地的主要渡口之一。抗日战争前后,先后有"振东"轮、"永顺安"轮,有厦门至围头的定期班轮往返。特别是台中市布袋港等地的商船,也经常满载着白糖、大米、香蕉及杂货,直泊至围头古渡。20世纪90年代,有"华湾号"快速客轮直通厦门。1994年,省政府批准围头渡为海上民间对台小额贸易交货点。据统计,仅1997年,随着贸易进入鼎盛时期,有5000多艘台湾渔船、两万多人次的渔民与围头村民进行民间贸易,对台贸易小组高峰期达50多个,参与渔民300多人。古渡口创下了台湾渔民日停靠进出港65船次的纪录,全年贸易额达亿元以上,居全省对台小额贸易首位,成为推进两岸"小三通"的先行者。一直以来,它不但是围头湾渔民海上捕捞和水产养殖的唯一渡头,也是联结两岸

---

[1] 蔡菁主编,晋江市金井镇塘东村志编纂委员会编:《塘东村志》,1997年版,第49页。

[2] 张在普、林浩编著:《福建古市镇:闽台古乡间商品市场》,福建省地图出版社2008年版,第39页。

民间商缘与情缘的纽带，印证了闽台五缘村的围头历史沧桑。

1881年3月28日，时任厦门海关税务司负责人的美国人吴得禄（F. E. Woodruff），在向海关总税务司提交的《1880年厦门海关年度贸易报告》中，这样介绍厦门的地理与交通："厦门岛位于一个狭长的海湾间，海湾的东北端是围头（今泉州晋江市金井镇围头角），西南端是镇海（今漳州龙海市隆教畲族乡镇海角）。横列于它的出入口处的是金门岛和一连串小岛。……从厦门到泉州，如果不从海路走，则须经过一些渡口和大路。路程全长超过60英里（约100千米），旅途一般需要两天。"

围头古渡至今仍然为当地的渔民提供着便利。在古渡不远处，20世纪90年代初，晋江市在围头角建造对台贸易码头。[①] 围头码头工程由码头、引堤、陆域3个部分组成，建设万吨级多用途泊位和3000吨级工作船泊位各一个及相应的配套设施。年设计吞吐能力为杂货24万吨，集装箱2.4万标箱，泊位长248米，宽50米，码头面高程8米。围头码头是晋江市基础设施建设的重点项目。1996年元月6日正式开工。1998年9月4日，围头码头主体工程通过省级验收，被评为优良工程。1998年3月，围头码头获得省人民政府批准，成为国轮外贸运输装卸点，12月29日举行试运营，开通了国际集装箱定期航班。

十四、魁美古渡

魁美古渡头在安溪县蓬莱镇美滨，相传宋元时期就已经存在。在毗邻清水岩景区的蓬莱镇美滨村、蓬莱溪与晋江西溪的交汇处上游、元口渡下游，是蓝溪、西溪流经金谷到蓬莱美滨河段的渡口。码头有三四百米长、保护完好的遗址，最宽的地方有20多米。渡口用疏浚开

[①] 陈仲初编：《晋江风物》，国际文化出版公司2001年版，第28页。

挖出来的卵形溪石砌筑而成。在清溪洪水多发季，船可进入魁美码头围护的船坞避洪。魁美码头分捆船埔、货埔、开嘴埔、走路埔、洗衣埔等功能区，每埔高1.5米左右，宽度3至10米不等。2020年，魁美古渡头列入泉州市第二批海上丝绸之路史迹推荐名单。

明正统年间（1436—1449），湖头李氏六世祖李森捐银凿通清溪渊港险滩巨石之前，魁美渡口是来往泉州刺桐港贸易的渡口。蓝田、长坑、尚卿、蓬莱一带有古窑址，尚卿一带有古冶场，瓷器、铁器、银器均通过这里转运泉州。蓬莱明清华侨用的泉州石砻石雕、海外瓷砖，经刺桐港运抵魁美渡。湖头清溪码头尚未通航之前，安溪北线9个乡镇和永春、大田等县的客商，往来泉州都须经过魁美码头。北京大学教授、国家丝绸之路旅游总体规划常务副组长乔然认为，魁美古渡是泉州海上丝绸之路的起点。[①]

毗邻魁美古渡，有承天寺遗址和官仓地名。每年正月初六，蓬莱举行清水祖师迎春活动，过魁美渡，再回魁美。码头上方是古榕，据说渡口两岸共有18株榕树，如18位罗汉把守防洪堤岸。古榕下有两座小神龛，奉祀普渡公。古渡上方有一座滨榕馆，馆中有对联"滨水双溪双夜月，榕村古渡古街衢"。

十五、浔美渡

浔美渡又称浔尾渡、普济桥渡，在府城东十里。《道光重纂福建通志》载有浔尾渡。在泉州东门外浔美村的青莲寺中，有一块裂成两半的石碑，正面碑额，右半块刻着"普济桥渡"，左半块刻着"宝塔亭路"。碑刻内容是记录南宋理宗时，僧道询主持建造普济桥渡和宝

[①] 谢文哲：《香火：闽南文化札记》，北京联合出版公司2018年版，第71—78页。

塔亭路时的捐款人及捐款额,宝庆丙戌(1226)季春开始,绍定庚寅(1230)孟夏完成。

宋时浔美后港街是外商云集的街道,染布头棉芋织布、东门碗窑的陶瓷、清源山的茶,都通过浔美渡转运。浔美郑厝设来远驿。

在郑和第五次下西洋经过泉州时,曾到浔美澳龙头山边避风。[①]

十六、东山渡

东山渡在三十五都,设立时间不晚于元朝。《读史方舆纪要》载:"隆庆二年(1568),守万庆重浚城内外沟河,立临漳、南薰、通淮三水门,城中诸水皆引流入淮,合附近群川达东山渡,入于晋江。"道光《晋江县志》载,东山桥在三十五都,旧以舟济,名东山渡。

据《泉州府志》,元至正二十六年(1366)五月,为了平定那兀纳在泉州发动的兵乱,保卫地方的安宁,龚名安积极配合陈铉,秘密联络海滨百姓接应

道光《福建全省总图》之东山渡

行省军队。那兀纳为抗御行省军队,在泉州大肆扩充兵力,迫民为兵,将胁迫来的百姓、船只集中在泉州南门外东山渡。龚名安将计就计,

---

① 政协泉州市丰泽区委员会:《丰泽文史资料(第八辑)》,2005年版,第236页。

表面上答应为那兀纳招兵，暗地里却令其子、泉州学正龚炳及任行省理问的女婿张仁等领滨海百姓组织的舟师往泊东山渡。经过龚名安一番动员，一夜之间，东山渡所有舟师全部竖起行省旗帜。那兀纳本想倚仗水师背水一战，及见水师易帜，进退失据，不战而溃，只得退守泉州城中。陈铉、龚名安部队又劝说泉州千户金吉反正，攻取了泉州，擒获那兀纳，槛送福建行省处置。泉州延续10年的外族兵乱方告平定。

宋林景熙《东山渡次胡汲古韵》云："客来持酒洒烟霏，空想高风意欲飞。老洞藏云安石卧，孤舟载雪子猷归。一川白鸟自来去，千古青山无是非。欲上危亭愁远眺，废陵残树隔斜晖。"[①]

十七、湖头渡

湖头渡在安溪县湖头镇、安溪县东北部，湖头镇东与永春县接壤，西与湖上乡相连，是安溪县北部中心城镇。据《方舆汇编·职方典》载，明正统年间，李森凿去巨石，使溪流深广，遂通舟楫，上有湖头市，百货所集，号为小泉州。李森自述："本处溪尾渊兜，石壁瞧岩，旧时船只到处湾泊渊尾。余见本里货物装载挑贩艰辛，费银五百两，凿开水道疏通，船只往来始便。"此后清溪上下游逐渐形成3个渡口，即石门楼渡口、下林渡、溪后渡。3个渡口均直通泉州，连接湖头。

船巷古码头上游百米远有溪后渡。溪后渡，也称溪头渡、溪后渡顶渡头，在湖头镇美溪村、石门楼渡和清溪码头上游，曾是沿海与内陆互市的古渡口。永春一都、横口，安溪剑斗、白濑等地的木筏、竹筏放运至此。安溪林竹资源丰富。1938年，湖头有排工200多人。新中国成立后，县政府在湖头和剑斗分别成立排工会，加入两地排工会

[①] [宋]林景熙著、陈增杰校注：《林景熙诗集校注》，浙江古籍出版社1995年版，第83页。

的排工有250多人。1950年至1958年，年输出竹木1万立方米。渡口运输木材、毛竹，溪后渡边建成一个经营木材的公司，一直运作到1970年代初，公司周围形成新路圩。[①]

石门楼渡在登贤村和郭埔村交界，即今文贞桥上方。早期山货是经过新店巷，再经过石门楼装载上船的，故名石门楼渡。

湖头溪自县北常乐、覆鼎诸山发源，至建口渡，历新魁渡，又合坑源诸山之水，至感化为下林渡。下林渡，也称黄坂渡，在感化和来苏二里之间、清溪码头下游处、大使宫前，连接着船巷和湖头中山街，是湖头兴盛时期最繁荣的码头。义民胡钦家世代施舟以济往来。

为祈求渡运安全，明代中期有奉祀郑和与王景弘的九檀大使宫。溪头渡的慈济宫、下林渡口的大使宫，积淀下厚重悠久的渡口信仰文化。船巷、码头、大使宫、法石宫构成了湖头渡口文化。

十八、溜石渡

溜石渡在晋江南岸入海口处、高甲山边，设立时间不晚于明朝。此地在宋代称为和风里，明清时属于三十都，现归晋江池店镇管辖。古时溜石渡为全县五大名渡之一。自浯江而下至溜石渡的一段叫溜石江，全长302千米，至岱屿入泉州湾。

溜石渡附近有一座溜石塔。溜石塔，俗称江上塔，始建于明万历四十六年（1618）。[②] 现存为清代建筑，是船舶入泉州湾溯晋江而上，

---

① 谢文哲：《香火：闽南文化札记》，北京联合出版公司2018年版，第73—75页。

② 孙群：《泉州古塔的建筑特征与文化内涵研究》，九州出版社2021年版，第223页。

进入泉州内港的航标。① 明庄际昌载:"以溜石属水下流,地稍低,宝盖关锁稍远,乃捐资鸠工,建浮图其上,层塔突巍,与凌霄、宝盖鼎峙为三。"据《晋江县志》记载,溜石自古享有盛名,不仅是"郡溪入海第一门户"、历代扼守泉州城南的军事要塞,隔江就是泉州城南聚宝街,珠宝香料等货物堆积如山,而且还是泉州通往晋江东南沿海的交通枢纽,明代大型建筑海岸长堤的首站。宋代先民开渠道,修陡门,"内积山之源流,外隔海之潮汐",历史上灌溉晋东平原的金鸡古渠的源头,便始自溜石。

2014年,晋江池店镇溜石村的渔民在蟳埔海域捞到一根17.85米长的古船桅杆,表明溜石渡附近曾有大船进出。

惠安县人王健侯1939年所作《溜石渡》云:"岿然一塔认津关,书剑频年此往还。两岸淡烟笼古渡,满江清水鉴春山。北违桐郡无多里,西溯桃溪有僻湾。归艇怕从汀畔过,此身未似白鸥闲。"②

十九、崇武码头

崇武码头旧名店仔口,在崇武镇西华村龟屿、崇武城墙南侧海边,西与山霞镇接连,南隔海与石狮市祥芝镇相望,北对净峰镇、小岞镇。清《台湾志略》云,崇武澳为商船渡台捷径,厦(厦门)船来鹿(鹿港)必至崇武、獭窟放洋。据荷兰东印度公司《大员商馆日记》载,明崇祯十一年(1638)11月30日及12月1日、9日,共有13艘崇武船到台湾运货。据清光绪二十八年(1902)刊印的《福建沿海图说》载,当时崇武有数十艘大渔船,每年四月到八月休渔期都往台湾经商,

---

① 福建省轮船总公司史志办编:《福建水运志》,人民交通出版社1997年版,第107页。

② 王健侯:《王健侯诗词集》,文化艺术出版社2019年版,第66页。

一船两用。

民国期间，惠安县境内与泉州港的水路客运线路经崇武渡，客船不定。[1] 目前仍在使用的是突堤式固定型码头。泉州港崇武作业区在崇武半岛的西南端，长度120米，为重力式结构，泊位深，可满足相应等级船舶全天候靠泊需求。崇武码头主要从事石材、粮食、砂及油品（柴油）等散杂货的装卸、堆存、中转业务。1978年，福建省人民政府划定崇武为对台开发贸易点。[2] 1981年，台轮"顺进益二号"来到崇武港。1987年，崇武码头被国务院批准为第一个对台贸易码头，是国家批准的二类对外开放口岸。1988年，国家投资在古码头西南侧建成全国首座对台专用码头，设有500吨级、1000吨级泊位各一个，3000吨船舶可顺潮停靠，1990年12月建成。

清代，郑成功派水师据崇武澳抗清。传说施琅回闽后，有惠安石匠欲求承建崇武码头，施琅题下"海部分明水月，山高咫尺神仙"一联，刻在清源洞口。[3] 崇武码头东北侧、崇武港外港池北岸，建有十二爷宫，奉祀传说中明代抗倭牺牲的12位结义渔民。[4] 西侧泉州古渡石牌坊，为1986年拍摄电视剧《锡兰王子》时建，刻"泉州古渡"。横梁坚排刻有"中菲两国合拍电影《国王与皇帝》，于一九八六年五月三十一日在崇武开拍泉州古渡外景，为纪念中菲人民友谊，特将原木构古渡易为石构，惠安县人民政府，一九八六年立"。阴历十月十二日水普日，崇武港天后宫前、崇武码头西侧堆场都会举办祈求平安丰收活动。

清洪弃生《崇武晚行》云："……津头待渡者，闻之心悒悒。我已惯为客，逍遥于烟皋。安得临沧海，垂手钓蛟鳌？"洪弃生另有《崇

---

[1] 惠安县交通局编：《惠安县交通志》，鹭江出版社1997年版，第129页。
[2] 王洪波主编：《惠安文物史迹》，厦门大学出版社2013年版，第18页。
[3] 泉州清源山风景名胜区管理处编：《清源山传说》，海峡文艺出版社1991年版，第82页。
[4] 谢冕：《一条鱼顺流而下》，百花文艺出版社2011年版，第132页。

武旅思二首》云："城外波涛动碧空，沧溟一水隔西东。天风海月寒霜夜，正是离人旅梦中。风吹不见片帆开，天半云罗叠似裁。久客不知身暂泊，海中明月入窗来。"①

二十、澳头渡

澳头渡在泉州市南安市高盖村，二十八、二十九都。据清《大清一统志》载，澳头镇在南安县西南七十里，有澳头渡，明正统中置巡司，后并入石井。②"澳头夜渡"为高盖十八景之一。《重修泉州府志》载，永济桥，宋绍兴中僧自根建，在十一都，旧为澳头渡。

绍兴二十三年（1153），朱熹出任泉州府同安县主簿，自福州往漳州驿道由永春经澳头渡（今码头宫下）入南安，经洪濑、官桥、九溪、小盈岭抵同安县。③朱熹在经洪濑西林湖尾渡时作了一副对联："路没溪边树，蝉鸣竹外枝。"

清戴凤仪《过澳头渡》云："孤艇澳头横，夕阳争渡盈。谁知樵担里，雅有赋诗声"。另有一首诗云："岚影蘸溪清，朱陈皆一经。我来寻古渡，遗迹有余馨。"④

二十一、富美渡

富美渡在晋江下游、德济门外晋江畔，是泉州内港从事沿海贸易的重要商业码头，是内地与出海货物集散的重地，设立时间不晚于清

---

① [清]洪弃生：《台湾文献丛刊·瀛海偕亡记·寄鹤斋诗选》，台湾银行经济研究室1959年版，第53、90页。

② 泉州志编纂委员会办公室、泉州市地名学研究会编：《泉州方与辑要》，1985年版，第130页。

③ 朱水涌、周英雄主编：《闽南文学》，福建人民出版社2008年版，第120页。

④ [清]戴凤仪：《松村诗文集补编》，中国文联出版社2003年版，第276页。

朝。现存清同治十一年（1872）的"奉宪富美渡头"碑。邻近的聚宝街在宋元时是外国商贾经商贸易之所，称蕃坊。① 明永乐三年（1405），附近的车桥村建有来遗驿，接待国外使者、客人。清代、民国期间城南仍是泉州经贸活动的中心，货物按规定集中在富美渡头和土地后渡头，再转运到沿海。富美渡口以花岗岩石砌斜坡入水，两侧均为石砌，墙上留有一方1870年重修碑。② 附近还有码头、造船厂的遗址。

"奉宪富美渡头"碑

清代中后期，泉州最重要的南门关码头由富美渡头和土地后渡头两个帮派垄断，时有发生纷争。晋江县官府为了维持码头的正常秩序，不得不经常颁文示禁。如"奉宪富美渡头"碑就再次明确了这两个帮派的经营范围，力图解决纠纷。

富美渡头边的萧太傅王爷宫，也称富美宫，在鲤城区南门水巷末端，主祀萧太傅，配祀文武尊王及王爷24尊。1998年立的富美宫碑载："富美宫始建于正德年间（1506—1521），旧址在富美渡头。"

二十二、獭窟渡

獭窟渡在泉州台商投资区东南端，西北距惠安城17.5千米，北濒

---

① 中国海外交通史研究会、福建省泉州海外交通史博物馆编：《泉州海外交通史料汇编》，1983年版，第92页。

② 陈鹏主编，政协泉州市委员会编：《泉州与台湾关系文物史迹》，厦门大学出版社2005年版，第224页。

惠安县崇武镇海面，南崎石狮祥芝水域，西通泉州港口，设立时间不晚于清朝。惠安东南有崇武渡、獭窟渡、鸭山渡、下坂渡、秀涂渡等，皆与后渚、蚶江、石湖等对渡。清曾枚《獭江所知录》载："宋开禧间（1205—1207）于獭江候渡，潮退可渡；宋室南渡，江浙人避难入闽者沿海托迹，由是獭之居人稍盛；开禧年间，白沙真阳寺僧道询，率其徒拏舟运石，成桥七百七十间，潮至桥没、潮退可渡，居人称便。"

道光年间鹿港、獭窟合约

清洪昆《獭江新考》曾这样记载獭窟渡："唐宋元间，居民稠密，人皆事于通洋，遂为舟车输运津头，称富盛焉。"

民国时，惠安县与泉州港的水路客运线路经过獭窟渡，有固定客运船舶5艘。

二十三、白奇渡

白奇渡又称百崎渡，在泉州湾东岸白奇村，是惠安县东南地区旅客经后渚至泉州鲤城区的古渡口。据1997年《惠安县交通志》，清代、民国时期，这里是秀涂前往富美渡口的客运中转站。

百崎回族由来华的阿拉伯人与汉人通婚繁衍。明代以来百崎回民曾多次修葺古渡。回民早年以海为生，古渡由来已久。白奇渡口有白奇石亭，也称接官亭、桥尾亭。相传永乐十五年（1417）郑和第五次下西洋时，百崎回民郭仲远在渡口凉亭恭候，因而得名。[①] 现存乾隆

---

① 王洪波主编：《惠安文物史迹》，厦门大学出版社2013年版，第149页。

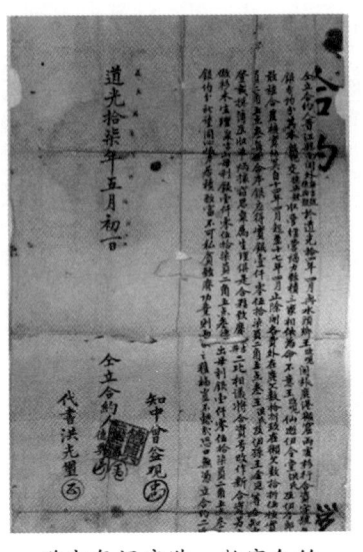

三十六年（1771）《重修桥尾亭塔碑记》和光绪二十年（1894）所立的重修碑记。接官亭原与白奇渡口连为一体，201省道开辟后，两处古迹被隔开来，留有两座石碑。相传郑和曾带军队帮助百崎人民修筑海埭，俗称郑和堤。[①] 1967年，东园镇于郑和堤外音楼山和白奇渡头之间筑起海堤，建白奇盐场。乡人民政府在其碑文中记载："接官亭原名桥尾亭，公元一四一七年明钦差总兵太监郑和第五次下西洋，船队停泊后渚港，应百崎肇基祖郭仲远邀请，前来探访，百崎先祖在此亭迎接，接官亭因此得名。"

"白奇古渡"碑

光绪三十一年（1905），建石桥一座，由石亭直达江边，长约500米，宽1.66米，乘客经此上渡船，称为渡口路头。新中国成立后，白奇村设立渡口，主要航线为白奇至泉州后渚。1956年，渡口归集体所有。1975年建五一滩涂围垦后，渡口移至海堤外，因港道淤塞变成烂泥滩，退潮时，渡船无法靠岸，旅客须踩泥滩上下船。1978年11月，村民自筹部分资金，晋江地区交通局拨款5000元，于五一围垦区左边修建一条长150米、高4.5米、顶宽2.5米的石路堤通轮渡码头，同时建造一艘载客量40人的机动渡船，航行于白奇与后渚之间。[②] 1987年2月，惠安县交通局成立港航管理站，渡口归港航站管理。1989年，省、市、县拨款5万元修建渡口码头、引桥和泊位。白奇渡有渡船2艘，每日4班，曾被评为晋江地区安全生产先进单位。

---

① 陈国强、陈清发：《百崎回族研究》，厦门大学出版社1993年版，第290页。
② 惠安县交通局编：《惠安县交通志》，鹭江出版社1997年版，第89页。

第四章　龙岩码头

据明黄仲昭《八闽通志》载，明弘治年间龙岩渡口如表 4-1 所示。

表 4-1　弘治年间龙岩渡口

地县	渡口
龙岩县	龙江渡、盐场溪口渡、罗溪渡、南洋渡
长汀县	东渡、留口渡、禾口渡、马家渡、石马渡、程步冈渡
上杭县	语口渡、黄狄渡、蓝家渡、南塔渡、张滩渡、水南渡、南蛇渡、梅溪渡、回龙渡、水西渡
永定县	古田渡、锦丰渡、司前渡、丰稔渡、罗滩渡

据《道光重纂福建通志》载，清道光年间龙岩渡口如表 4-2 所示。

表 4-2　道光年间龙岩渡口

地县	渡口
长汀县	南津渡、游绳渡
连城县	上庄渡、冯口渡、朋口渡、杨家渡、徐公渡
上杭县	语口渡、潭头渡、黄狄渡、义济渡、罗卢渡、泰安渡、张滩渡、水南渡、南塔渡、峰市渡、大沽渡、转潭渡、南蛇渡、上长坝渡、掺蓬渡、官田渡、丰稔渡、蓝家渡、黄沙渡、同济渡、涧头渡、水埔渡、官庄渡、梅溪渡、蓝屋渡、回龙渡、禾溪渡、江尾渡、水西渡、九州渡、湖坊渡
武平县	九龙渡、麻姑墩渡

续表

地县	渡口
永定县	新寨渡、下坑渡、石圳潭渡、阔滩头渡、古镇渡、黄竹隔渡、龙安寨渡、桃坑渡、葛傅渡、清江渡、水城寨渡、锦峰渡、炉下坝渡、罗滩渡、鸭妈潭渡、义济渡、济德渡、长滩渡、下街尾渡、新罗渡、永全渡、丰稔渡、司前渡、西岸杭地东岸永地渡、峰市渡
龙岩州	东津渡、西津渡、龙津渡、龙门渡、溪西渡、小溪渡、碧潭渡、雁石渡、霍村渡、鸡鸣渡、横牛渡、隆兴渡、赤尾山渡、南坂渡、白沙渡、福美渡
宁洋县	山中央渡、公馆渡、赤洋埔渡、永济渡、广济渡

据《龙岩交通志》载，民国时期有渡口17处，即观澜渡、万盛渡、霍村渡、平林渡、利济渡、鸡鸣渡、北河渡、悦来渡、白沙渡、横牛渡、三公渡、隆照渡、普济渡、黄坂渡、福美渡、宏济渡、热水渡、白沙渡。据2006年《龙岩市志：1988—2002》载，至1988年有民间渡口127处，其中龙岩市（县级）22处，永定县24处，上杭县33处，武平县16处，长汀县16处，连城县3处，漳平市13处；至2002年止，全市渡口为52处，比1988年减少75处，其中新罗区7处、永定9处、上杭16处、武平3处、长汀7处、漳平10处。

一、水东桥码头

水东桥码头又名半片街码头，在汀州镇水东桥南岸，是汀江上游第一座码头。据1993年版《长汀县志》，始建于唐代，但屡建屡毁。随着水运业务的兴起，北宋元祐至元符年间（1086—1100），码头改用卵石砌建。南宋端平三年（1236），知县宋慈开辟汀江长途航道，航运潮盐，码头货物堆放与吞吐量随之逐年扩大。[①] 元代以来，水东桥码头是汀江沿线的主要码头和闽西、赣南、粤东等地物资的主要集散地。1980年，水东桥码头改建为商业区，设江边市场。

据《临汀志》载，宋朝时就有水东桥。绍定五年（1232），汀江水道疏浚整治后，汀州城一跃成为闽粤赣边的商贸重镇。汀江码头帆樯云集，夹岸街道店肆如林，特别是码头旁的水东市。古代的水东码头设有税课司，商人纳完税即可在附近交易，逐渐形成了街道。税课司前面的街称司前街，背后的街叫司背街。水东街，宋代为水东市，因坐落于汀江的东岸而得名。

长汀县境内有十多处船运码头，较大的码头主要有新桥码头、朝天门码头、水东桥码头、五通门码头、策田码头、河田赤岭码头、三洲码头、水口码头、濯田码头、羊牯码头等。这些码头常年都有固定和临时的码头搬运工人，有些人几代都从事搬运工作，全县常年在各个码头从事搬运的工人达到数千人。

二、峰市码头

峰市码头在汀江下游、永定市峰市乡、棉花滩畔，由上街码头、大码头、屠猪石码头、棚子下码头、上下拐子石码头等6个泊位组成，以石坝为货场。从石坝起岸到峰市街，要上100多级石阶。据1994年《永定县志》载，唐开元年间（713—741），汀江下游峰市段尚未通航，但凡由汀州至漳州的货物，均船运至摺滩，再雇脚夫陆运约5000米到仙师，顺永定河水运至抚市清溪，再雇请脚夫从清溪陆运至南靖水潮，顺流而下漳州。漳货入汀者，亦沿此路运回。至嘉定年间（1208—

[①] 长汀县地方志编纂委员会编：《长汀县志》，生活·读书·新知三联书店1993年版，第274页。

1224），下游整治通航，货物转向潮汕交易，潮州盐、米用船运至大埔石市起岸，以人力搬运约6千米到峰市，再船运经洪山而至汀州府。

峰市码头是闽、粤、赣三省十余县航运转驳的关口。抗日战争期间，汀江航运盛极一时，闽西各县均在此设立贸易转运行栈。从事装卸搬运人员除当地农民外，还有广东、湖南以及本省共18县的搬运工，共计1000余人。他们每年要负担1万多吨的码头搬运作业，峰市码头成为闽西最大的码头。这里地势高峻，江岸地形狭窄，街道傍山，高于江面百米以上，码头沿江设货场11处，而且都是梯形石阶。

汀江水上的木船穿梭来往。20世纪20年代初，行驶于汀江和韩江的木船有500~800只。汀江上有7个木船码头，每天停留木船200余只，每船载货400余斤，每天在码头卸下的货物达8万斤左右，卸下的货物挑到石市装船，石市卸下的货物挑到峰市来分发。

1927年9月16日，南昌起义军离开上杭，水陆兼程并进。水路乘木船沿汀江而下，几十条民船满载起义军指战员和武器辎重，经南蛇渡进入永定洪山，到达峰市码头起岸。[1]

三、朋口码头

朋口码头在连城县。朋口溪是连城县唯一可通航的河道，县内进出口物资大部分通过朋口溪转入汀江与潮汕地区。据1993年《连城县志》载，朋口码头在朋口石背老街，宋代即设有简易泊位和堆棚（仓库）设施，历元明清各代。

朋口是连城县上南、中南溪流的总汇，收半邑之水，为连城可以通船的水道，流入上杭与汀江汇合后经潮汕入海。过去朋口码头是

---

[1] 来永宝、林振东：《闽西革命简史》，国家行政学院出版社2015年版，第31页。

连城通往潮、汕、漳、厦的水陆转运码头,每天在朋口过往的手推车（又叫羊角车）达上百架（人）次,多时能达数百架（人）次;往来木船七八十条,最多时达100多条;过驳行、货栈林立,商业曾盛极一时。当时竹木、土纸全汇集到培田的木行纸庄,由培田经河源溪发运到朋口码头。朋口设立了众多货栈式的转运行。

清康乾以前,每年阴历七月至九月丰水期,村民就利用溪水散放竹排或木排到下游朋口码头,再组成大排放到新泉镇,或转入汀江到潮汕地区。[①]

新中国成立前,县内搬运装卸均系肩挑背驮。新中国成立后,以半机械化操作取代人力装卸。1952年7月成立连城县搬运站后,有固定装卸工人127人。

四、语口渡

语口渡在上杭县语口市、今上杭县北18千米的旧县乡全坊村。

语口市是宋代至清代的集市,明朝称"旧县",地处丘陵地带,河流从北向南,流经旧县汇入汀江,宋代以来设有语口渡。宋真宗咸平二年至天圣五年（1025—1027）曾为上杭县治,舟楫方便,商贾云集,经济繁荣,今尚存街道、码头和语口渡石碑一块。民国《上杭县志》载:"上年洪水,旧县沙岸露出古碑,书'语口渡'

"语口渡"石碑

三字","别一碑,作方柱形,正书'语口渡'三字,字方一尺,上旁书'往来不必给钱',下书'全胜乡捐施'"。

[①] 李秋香:《闽西客家古村落——培田》,北京出版社2018年版,第93页。

北宋咸平二年（999），上杭县衙由白砂鳖沙迁到语口市，语口渡成为贯通南北西东的水陆交通枢纽，上百只大小木船云集语口市渡口河岸。南宋《临汀志》载："《宋朝会要》载：'上杭县，至道年徙鳖沙，咸平二年徙语口。'尝考之，自丙申至己亥，仅四年，岂应两迁耶？问之长老，则曰：'盖鳖沙团之语口渡耳，非两地也。'"

五、水西渡

水西渡在上杭县临城镇西渡村，据1993年《上杭县志》载，清顺治八年（1651），白砂里人丘道尧等捐银470余两，置买粮田，造船而建水西渡。石砌码头，南北走向，占地面积200平方米。驳岸用块石叠砌，高3米，左右两翼用条石铺砌对称的台阶，由北向南约28米，宽2米，驳岸最高处5米。东岸建有义渡所，两岸建有候渡亭。

1935年8月新泉岩前公路建成后，水西渡改为汽车渡口。每次渡车时间常水期30分钟，洪水期60分钟。[①] 1955年12月公路改建时，将水西渡移至上游500米的沙帽石渡口，用机动船拖载汽车过渡，渡车时间缩短为7分钟。

清徐乾学《游普陀峰记》载："又五里，为水西渡，渡口有紫竹庵"，"水自白砂里从北西流入水西渡，为溪山一胜"，"自水西渡至此，又数里矣，考志仅云十里"。

明郝凤升《水西渡》云："日日渡西船一只，艄人把篙船尾立。船下流水船上人，争渡恰如流水急。车驰马走万里程，徒杠舆梁何时成？预恐春深老蛟怒，漫溪水涨船空横。"[②]

[①] 上杭县地方志编纂委员会编：《上杭县志》，福建人民出版社1993年版，第288页。

[②] 龙岩地区公路史编辑组编：《福建省龙岩地区公路史》，华艺出版社1990年版，第17页。

六、水口码头

水口渡石刻

水口码头又称红旗跃过汀江渡口、水口村汀江码头，在长汀县濯田镇水口村。南宋时期，濯田处于开发初始，在靠近码头的地方已有居民点，琅琊王氏和太原王氏也从河田迁来开基。

清末，以从事造纸业为主的汀州籍人士在将乐白莲老街建起了汀州会馆。[①] 白莲著名的西山纸都是由小船经池湖溪运到南口乡的水口码头，或由人工挑到水口码头，再由大船运至将乐、南平、福州等地销售。故汀州会馆的上厅设有天后宫，祈求保佑水路安全。神像两旁和厅柱的楹联为"海不扬波，稳渡星槎远迩；民皆乐业，遍歌母德高深。""水德配天，海国慈航永济；母仪称后，桑榆俎豆重光。"

渡口台阶右侧挺立一块巨石，刻着"红军渡口"几个大字。1929年5月19日，毛泽东、朱德率领红四军5000余人入驻濯田。第二天上午，红军从濯田镇到水口码头。船工撑杆与船桨并用，把数千名红军战士和几十匹战马渡过江。[②] 水口村也因此播下了革命的种子。红军长征后，中央苏区福建省委、省军区组建了一支以水口船工为骨干的汀江水上游击队，进行水上武装斗争，秘密运送苏区物资，护送苏区干部。毛泽东听到红军捷报，挥毫写下《清平乐·蒋桂战争》，留下

[①] 苏文菁总主编，李应春主编：《闽商发展史·三明卷》，厦门大学出版社2016年版，第59页。

[②] 长汀县地方志编纂委员会编：《长汀县志》，生活·读书·新知三联书店1993年版，第506页。

了革命征程的生动写照："风云突变，军阀重开战。洒向人间都是怨，一枕黄粱再现。红旗跃过汀江，直下龙岩上杭。收拾金瓯一片，分田分地真忙。"[1] 陈毅写下了《反攻连下汀州龙岩》："闽赣路千里，春花笑吐红。红军真铁军，一鼓下汀龙。"[2]

2019年，当地开始打造红军渡口公园景区。水口红军渡口纪念亭有一副楹联："汀江悠悠，千年古韵自兹去；红旗飘飘，万载丰功过江来。"码头现被修复完整，树立大石，阴刻"水口"二字，并张贴文字介绍。如今，夜游汀江的有5条画舫，分别为"惠吉门号""济川门号""三元阁号""鱼跃龙门号""红旗跃过汀江号"。

七、上杭南门码头

上杭南门码头，又称临江码头，在上杭县城关南门，新中国成立前是汀江上下游航运货物中转与集散枢纽地，每日货物吞吐量达60吨以上。上杭南门码头是汀江在上杭城区的五大码头之一，货物以土纸、布匹、百货、食盐为主。据1992年《沙县志》载，新中国成立前，沙溪航线上的主要码头有马坑、西门、小水门、师古门、南门、庙门、文昌门、琅口、高砂等。东溪是沙溪的主要支流之一。东溪航线上的西门、小水门、师古门、南门码头，主要集散三明、莘口、南平、福州的来往物资。临汀江设3座水门，其中阳明门及其拱顶保存较好。在上杭县城的南门码头至阳明门码头间也保存了一段完整的古城墙，长297米，高9米。

《闽西客家志》载有山歌《挑担苦（上杭县）》："南门码头挑担苦，三餐粥汤灌满肚；百斤担子千斤重，一级石阶十步路。早晨挑来籴米

---

[1] 毛泽东：《毛泽东诗词（英汉对照）》，中国对外翻译出版公司1993年版，第11页。

[2] 陈毅：《陈毅同志诗词选》，解放日报编辑部1977年版，第3页。

煮，夜哺挑来医父母；老板工头剥削俚，恶过土匪凶过虎。"

1928年9月14日，红军分水陆两路陆续离开上杭城。水路由南门码头上船，沿汀江直下永定峰市。① 1976年，为开办水陆联运，国家投资2.5万元，在码头对岸增建混凝土货场，亦称南门码头。1977年，地区交通局又拨款2.34万元续建，并开通码头至山广线的公路500米，使汀江上游流放的竹木可在此转汽车外运。②

八、南蛇渡

南蛇渡在上杭县下都乡新寨村、南蛇渡大桥下游80米处汀江左岸，距棉花滩电站坝址28千米。南蛇渡口下游300多米处，是汀江险滩南蛇滩，因深水处有巨石盘伏，酷似南蛇而得名。据《方舆汇编·职方典》，清顺治十年（1653），巡道赵映乘在南蛇渡创建生童课文公所，南岸为渡亭和民房，北岸为墟场。清代，阴历每月逢一、六日为墟期，汀江成为沿江邻县和粤赣通往上杭的动脉，上杭县内汀江通航里程222千米，沿江码头36处，其中以回龙、石下、东门潭头、城关南门和南蛇渡5处吞吐量最大。码头两岸商店林立，商旅如云。

三年游击战争时期，上杭县的红色交通线包括武平中都—南蛇渡—峰市—松口。南蛇渡是汀江下游红色交通点。为保障苏区军民的供给，在峰市办货，经茶地等地，以进食盐为主，一般均由武装秘密护送，经南蛇渡、茶地、白砂、旧县运到才溪。

新建的南蛇渡码头为突堤斜坡式结构，两侧为重力式浆砌块石挡土墙，条石镶面。码头长60.6米，宽6米；斜坡道长19.3米，宽6米；

---

① 中国人民政治协商会议福建省长汀县委员会文史资料编辑室编：《长汀文史资料（第12辑）》，1987年版，第12页。

② 上杭县地方志编纂委员会编：《上杭县志》，福建人民出版社1993年版，第290页。

陆域长14.6米，宽12米。沿纵向设置5个小平台，平台高程分别为180.6米、177米、173.4米、163.3米、153米。工程于2001年1月动工，10月建成，水泥砼204立方米，总投资35万元。

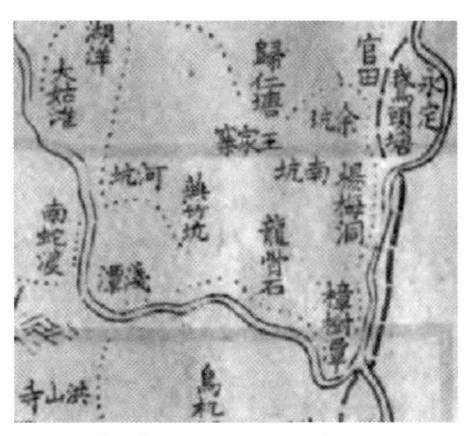

清薛耕春《南蛇渡歌》云：

光绪《福建内地府州县总图》之南蛇渡

"无端涨涌没沙洲，惊得舟人面如土。非关神龙斗重渊，岂有巨蛟蟠古渡。修鳞灼灼尾蜿蜒，巨口翕张目睁怒。青天无云浪忽翻，滩波逆上狂风助。后塑佛像镇两旁，馆启龙文作呵护。我曾肄业在此间，事经十年方一遇。因忆永安狗子滩，耳因狂吠雷击去。延津滩上有南蛇，口向过舟作吞吐。前虽有闻半信疑，征之目睹今始悟。吁嗟乎！从古山川形似物，尚觉精神时显著。况乎蛟龙乘时飞，能不兴云化霖雨！"原诗序云："吾乡水口有古渡曰南蛇渡，其下有滩曰南蛇滩，询其名之所自，或言昔年滩渡时现怪异。有孝义薛君觅善水者泅之，见滩下蟠一巨石，酷似南蛇，遂于岸上建龙文馆镇之，患始息。予初疑其诞，后随先大夫肄业其中，忽一日当夏午盛暑，天无片云，舟人咸泊沙洲避暑，陡然浪高数尺，从滩下逆涌而上。舟悉离岸，人争惊呼。予得目睹其异后，阅《孝义渡亭碑记》，其事甚详。予始知天地间凡木石形似之物，必有灵异托于其间，况神龙巨蛟之兴云降雨而其灵异又当何如哉！孝义名应吉，平土寇张恩选，建龙文馆以兴文教，又承先志置田施渡。观察赵映乘题其亭，曰孝义云。"[1]

---

[1] 兰寿春编著：《福建客家古代文学作品辑注》，厦门大学出版社2012年版，第374页。

九、栗子湖红军渡口

栗子湖红军渡口在上杭县珊瑚乡栗子湖，是毛泽东从江西寻乌、福建武平前往上杭才溪乡调查时跨过汀江的渡口。1930年6月、1932年6月、1933年11月，毛泽东曾先后3次亲临才溪，进行社会调查，[①]这3次都经过珊瑚乡。

如今，珊瑚乡栗子湖红军渡口一期工程已建成，在当年的渡口立了一块石碑。2015年，百岁老红军谢毕真亲自题词"栗子湖红军渡口"。2021年，新建渡亭，命名为红军亭。栗子湖也被称为红军湖。

"栗子湖红军渡口"石刻

[①] 钟兆云等：《将军与故土》，鹭江出版社2014年版，第273页。

第五章　莆田码头

据1994年《莆田县交通志》载,莆田县宋以前未建桥的两岸均置渡口,如迎仙渡、温泉口渡、阔口渡、濑溪渡等。宋绍兴年间(1131—1162)设三江口渡、小屿渡等。明代莆田县境内官渡有渔沧溪渡(在今东圳水库区),另有7个私渡口:小屿渡(小屿—惠安沙格,原为官渡,后改为私渡)、萩芦溪渡、郑坂渡(在今新度镇)、西沟尾渡(清江—西沫)、西江渡(西江—南箕)、游埭渡(游埭—三步)、三江口渡(新浦—遮浪)。

据《道光重纂福建通志》载,清道光年间莆田渡口如表5-1所示。

表5-1　道光年间莆田渡口

地县	渡口
莆田县	郑坂渡、西沟尾渡、西江渡、游埭渡、三江口渡、小屿渡
仙游县	曾仙渡、大坂渡、青龙渡、仙桥渡、盖星渡、寺洋渡

据1994年《莆田县交通志》载,至1990年,莆田县、涵江区、城厢区还有内河及沿海渡口26个。

一、枫港码头

枫港码头在仙游县仙港大道与201省道交叉口东南,附近的太平港、沧溪港、陡门港统称为枫亭港,连接湄洲湾,可直航上海、大连等口岸。南宋《仙溪志》载:"枫亭市人家并海,土产砂糖,商舟博贩者率于是解缆焉。"宋代,枫亭太平港对外贸易繁荣,舟船已抵暹罗、

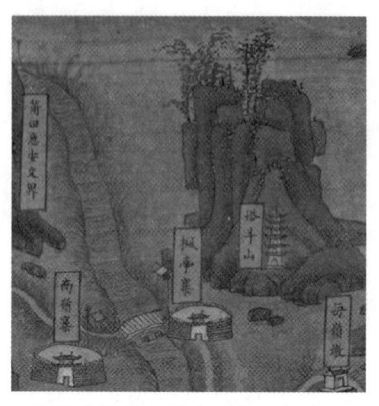

康熙《福建海岸全图》之枫亭与塔斗山望海塔

日本、琉球、大食、天竺等地。元代，林亨在《螺江风物赋》中描述枫亭市和太平港的繁荣气象："通道而南，城趋乎刺桐，胡椒、槟榔、玳瑁、犀象，殊香百品，异药千名，木棉之裘，葛布之筒，重载而来，轻赍而去者，大率贸白金而置青铜。"

明永乐年间，郑和下西洋的船队曾在离塔斗山不远处的枫亭港停泊，有部分船员从沧溪港扬帆出海。枫亭境内有两大溪流入海：南面枫慈溪注入太平港；北面石牛溪注入沧溪港。

枫亭塔斗山有望海塔，又名天中万寿塔，始建于宋嘉祐四年（1059），明清时期重修，已列为福建省第二批文物保护单位，千百年来为出海渔船和入港商船指明了航向。

清洪弃生《过枫亭偶眺》云："叠峰近与路湾环，水上溪桥岭上关。借问枫亭亭下客，马头曾见几重山？"[1] 清林朝崧《枫亭》云："太平桥畔树参差，恼杀客肠人不知。两过枫亭无荔唉，今年来早昔年迟。"[2]

二、濑溪渡口

濑溪渡口在今莆田市区西南5千米，木兰陂上流，设立时间不晚于宋代。

---

[1] ［清］洪弃生：《台湾文献丛刊·瀛海偕亡记·寄鹤斋诗选》，台湾银行经济研究室1959年版，第89页。

[2] ［清］林朝崧：《台湾文献丛刊·无闷草堂诗存》卷一，台湾银行经济研究室1959年版，第23页。

濑溪村古属清源县（今仙游县）管辖，晚唐后划归莆田县文赋里（今华亭），现属城厢区华亭镇。濑溪村外有木兰溪莆阳古渡渡口，木兰溪从戴云山脉发源，流过东西乡平原。如今，濑溪至木兰陂通木船，栏陂至三江口通5~20吨机动船。古代与新建的濑溪大桥双双横跨木兰溪，是闽中、南直至广东的交通要道。

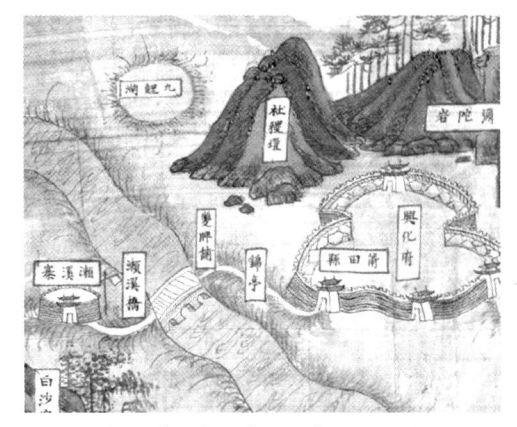

康熙《福建海岸全图》之濑溪桥

清林朝崧《自獭江东渡寄家兄荫堂》云："书剑飘零逐转蓬，闽南三度荔枝红；千金散尽貂裘敝，一笑归帆挂海风。海风浩浩海天暮，击汰扬舲从此渡；渔郎有意住仙源，桃源暗认重来路。"[1] 他还有一首《兴化道中》云："摇鞭数尽短长亭，一路云山刊翠屏。日午濑溪溪上过，松花黄映荔花香。"清洪弃生《过濑溪偶咏》云："两山夹水不通潮，日暮舟人犹倚桡。笑我行踪似秋色，西风吹过濑溪桥。"[2]

三、贤良港码头

贤良港码头在湄洲湾北岸的秀屿区港里村、忠门半岛南端，是陆地通湄洲岛的渡口。贤良港原名黄螺港。明弘治《兴化府志·山川考》称，在莆禧千户所前，有山如象形，横亘港上，居民数百家，俗呼黄螺港。正统九年（1444）修编的《莆田南渚林氏宗谱》首次出现"贤

---

[1] [清]林朝崧：《台湾文献丛刊·无闷草堂诗存》卷一，台湾银行经济研究室1959年版，第14页。

[2] 刘福铸：《清代至日据时期莆台官员及文人交流》，《闽台文化交流》2011年第3期，第129页。

良港"三字，弘治十六年（1503）周瑛、黄仲昭修纂的《兴化府志》是最早出现"贤良港"的志书。据1991年《福建省海域地名志》载，贤良港又名黄螺港，唐末已有此名，北岸港里村为海神妈祖出生地，也是古大陆通湄洲岛的航运码头，有古代航船石码头和石航标塔等史迹。贤良港古码头遗址被列为第五批莆田市文物保护单位。

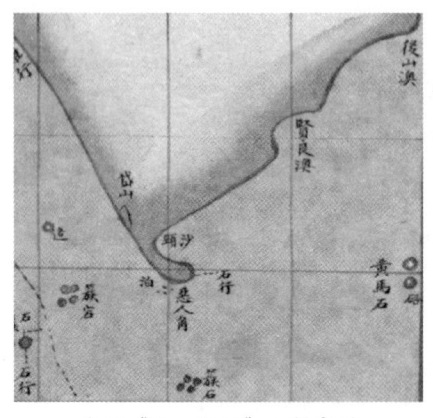

光绪《海口图说》之贤良港

在清春秋谕祭牌祖祠东侧海边，现存古代石码头，由大小不一的石条砌成。[①] 贤良港古码头东侧有3块礁石，村人称为"三炷香"，是船舶入港航标。码头两侧有初建于宋代的灵慈东、西宫，周围有受符井、五帝庙、宋塔等古代遗迹遗址。

郑和第七次下西洋时，奉旨至湄洲岛主持御祭并扩建殿宇。清康熙二十二年（1683），朝廷曾派员登岛主持御祭并扩建庙宇。自1960年代开始，湄洲岛进行大规模围海造田。1980年代，随着"妈祖热"兴起，贤良港又重新回归人们的视野。每年阴历九月初九是妈祖升天纪念日，贤良港古码头的当地村民们都要举行大型海祭活动。

清代东吴进士吴德昭诗云："风起芦花水国秋，黄螺港曲海潮流。声闻鸿雁寒偏早，浪激蚊螭怒未收。恍惚吴胥涛更撼，别离楚屈思犹愁。贤良胜概于今在，何必广陵咏溯游。"[②] 民国吴修秉《自莆田文甲村渡海登湄洲岛》云："渔村顿改旧时颜，胜景今朝萃海湾。湄岛声名

[①] 郑国贤、吴天鹤编著：《景观文物》，福建人民出版社2003年版，第16页。

[②] 福建省政协文化文史和学习委员会、福建省炎黄文化研究会编：《福建海上丝绸之路·莆田卷》，福建人民出版社2021年版，第189页。

天下噪，明珠浪上日斑斓。快御鲸波趁好风，湄峰指顾立云中。摩天神像凝东望，仿佛如期四海同。"

古舆地图和航海图中，道光《福建全省总图》、光绪《海口图说》和光绪《湄洲屿志略》都有描绘贤良港。

四、南日岛码头

南日岛码头在秀屿区南日镇兴化湾畔，在海坛岛与湄洲岛之间，南是乌邱屿，北是福清野马屿，东北是平潭塘屿。

南日岛本名南匿山，历来是军事重地，南日水道更是海上交通要冲。为防御海贼和倭寇，明廷最初在这里设南匿山水寨，后因水寨"在涨海中孤立无援"，遂迁往一水之隔的石城村，与青山巡检司合一。明代，这里与漳州的铜山、福宁的烽火门、福州的小埕澳、泉州的浯屿并称闽海五大水寨。1937年南日岛务局长官萨福榛《南日岛志》载："南日耕田稀少，贫困多海盗，任何商船经南日岛，必栗栗危惧，不敢久泊。"

1993年2月，由国家投资的陆岛交通工程南日岛交通码头通过省级验收并交付使用，由南日岛和与其对应的石城各一座车客渡码头组成。莆田沿海客运以维持陆岛往来交通联系的海上客渡为主，其中主要是涵江港与南日岛、福清海口与平潭岛之间的海上客渡。

清洪弃生曾作《兴化渡口》三首："片帆飞过魏塘楼，渺渺扁舟百叶浮。二十七桥秋水渡，凭伊双桨出涵头。""才过前桥接后桥，溪头无浪又无潮。舟人自小生涯惯，日日秋风倚画桡。""细把烟波问老渔，蒲帆风与水徐徐。谁知海上曦阳客，倚在中流自读书。"[①]

[①] [清]洪弃生：《台湾文献丛刊·瀛海偕亡记·寄鹤斋诗选》，台湾银行经济研究室1959年版，第89页。

五、三江口码头

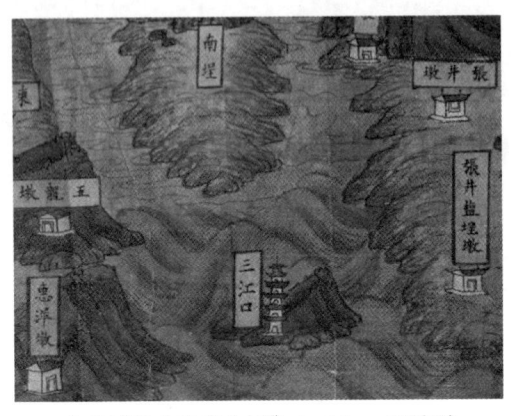

康熙《福建海岸全图》之三江口雁阵塔

三江口码头地处涵江镇新浦村，位于兴化湾湾顶西部、木兰溪和涵江汇合口的左岸。涵江历史上长期是莆田的主要通商口岸，古称端明港。三江口原本只是海滩，称深浦。清末，三江口对外开放，涵江便成了海商聚集之地。

雁阵塔，古名岩口塔，位于三江口镇鳌山村雁阵山（即岩口山）上。明万历十三年（1585）二月，林龙江命门人筹建，但因受阻而停工。后国子监祭酒、左春坊林尧俞再建7层石塔。此塔成为海上船只航行的标志。

新中国成立后直至20世纪80年代初，涵江港是福建沿海5个主要港口之一，并包括和管辖三江口港。1962—1966年，先后在涵江建浆砌重力式驳岸码头8座（含9个泊位），长330米，均可靠泊20~100吨级船舶。因涵江港地处内河，港道逐年淤塞，航运业务渐被三江口港所取代。1979年12月，三江口港被批准开办外运业务，1981年被批准为国轮外贸起运点，1985年又成为湄洲湾港的中转疏运港，港口建设也有发展。三江口于1964年建驳岸码头50米，1972年又建100米，靠泊能力为50~150吨。1987年建成500吨级趸船杂货码头1座，长32米，以及500吨级高桩梁板泊位2个，长111米，宽14米。至1990年，全港有三江口、涵江、桥兜3个作业区。

第六章　福州码头

据明黄仲昭《八闽通志》载，明弘治年间福州渡口如表 6-1 所示。

表 6-1　弘治年间福州渡口

地县	渡口
闽县	洋下渡、白田渡、临水渡、洋下渡、洋门渡、螺洲渡、南台渡、方山渡、王埔渡、大义渡、西峡渡、洋门渡、洞江渡、营前渡、洋屿渡、筹崎渡、浮崎渡、翁崎渡
侯官县	洪塘高崎渡、瓦埕渡、西禅浦渡、报恩前渡、新道渡、林豫洲渡、元口渡、风流崎渡、渡尾渡、白沙渡、大箬渡、安仁渡
怀安县	石头渡、杨崎渡、白苗渡、吴山渡、新崎渡、沙溪渡、石邕渡、黄石渡
长乐县	航头渡、白田渡、洋门渡、广石渡、文石渡
连江县	浦下渡、罗仑渡、东岸渡、七猴渡、赤沙渡、船步头渡、荻芦寨渡、玉塘渡、三子崎渡、横槎渡
福清县	下渚渡、白沙渡、双屿渡、应天渡、段渡
古田县	汤头渡、清潭渡
永福县	大漳渡、赤崎渡、越峰渡、汤泉渡、丘演渡、五十口渡、嵩阳渡、溪东渡、洑口渡、重光渡、洪面渡
闽清县	梅溪渡、白云渡、马坑渡、龙冈渡、天王渡、白塔渡
罗源县	双溪渡

据《道光重纂福建通志》载，清道光年间福州渡口如表 6-2 所示。

表 6-2　道光年间福州渡口

地县	渡口
闽县	南台渡、螺洲渡、山渡、王埔渡、大义渡、西峡渡、白田渡、洋门渡、洞江渡、营前渡、洋屿渡、筹岐渡、浮岐渡、罋岐渡
侯官县	西禅浦渡、报恩前渡、洪塘高崎渡、林豫州渡、新道渡、瓦埕渡、吴山渡、沙溪渡、泽苗渡、苏岐渡、辽沙渡、镜江渡、南屿渡、芹洲渡、新崎渡、源口渡、大箬渡、小箬渡、安仁渡、大穆溪渡、风流崎渡、渡尾渡、白沙渡、黄石渡和石岊渡
长乐县	新渡、马渡、庵头渡、馆头渡、永福渡、过江渡、洪塘渡、洋门渡、陈坑渡、坑田渡、广石渡、横江渡
福清县	城头渡、益崎渡、柯屿渡、应天渡、段渡、蒲头渡、下渚渡、双屿渡、白沙渡、海口渡、崎头渡、河口渡、水陆渡
连江县	潘渡、横槎渡、罗仑渡、陀口渡、赤沙渡、荷头渡、浦下渡、馆头渡、东岸渡、赤猴渡、陈公渡、荻芦渡、船步头渡、马漈涕渡、玉塘渡
罗源县	五里渡、玉廪渡、浮曦渡、双口渡、霍口渡
闽清县	梅溪渡、马坑渡、五峰桥渡、谷口渡、大箬渡、龙冈渡、白塔头渡、天王渡、白云渡
永福县	大漳渡、黄墓渡、埕头渡、越峰渡、汤泉渡、五十口渡、嵩阳渡、溪东渡、狱口渡、重光渡、梧桐尾小溪渡、洪面渡、圻演渡、新郑渡、双溪桥渡、清凉桥渡、赤崎渡

据 1988 年《福州交通志》载，1985 年的福州码头如表 6-3 所示。

表 6-3　1985 年福州码头

地县	渡口
闽清县	闽清口渡、北溪渡、大安渡、炉岐渡、祥溪口渡、白河江渡、安仁溪渡、牛脚迹渡、梅雄沙头渡、看守所道头渡、梅坂渡、新光渡、伴岭渡

续表

地县	渡口
闽侯县	湖柄渡、汤院渡、下岐渡、源口渡，程湾渡、尾湖港渡、唐举渡、唐举尾渡、竹西渡、竹岐渡、白头渡、侯官渡、浦口渡、厚美渡、新州渡、马排渡、晓岐渡、六十份渡、江口渡、村下渡、双龙渡，古城渡、罗州渡、文山渡、禄家北渡、南渡、江中渡、峡南渡、泮洋渡、洋下渡、凤港渡、镜洋渡、甘蔗渡、葛岐渡、南通渡、尚干渡，义序渡
永泰	横山岐渡、祥銮渡、吉坑渡、石鼓渡、赤水渡、梧埕渡、龙湖渡、玉湖渡、邹湖渡、中山渡、溪口渡、白杜渡、蚯寅渡、春光渡、明灯渡、埔埕渡、汤埕渡、角鹿渡、赤锡渡、上重下渡、下重下渡、白龙庵渡、富泉渡、六角坑渡、太原渡、石圳渡、石塍头渡、台口渡、王布上渡、王布下渡、九老渡、溪南渡、莒口渡、塘前渡、官烈渡
长乐县	奎桥渡、霞州塔头道渡、坑口渡、洋屿渡、新街渡、旧街仔道渡、马头道渡、圹屿道渡、鹏上道渡、黄李道渡、赤屿道渡、朱湖道渡、琅岐道渡、象屿道渡、联新道渡、潭头道渡、猴屿道渡、浮岐道渡、文石道渡、松下码头渡、营前渡、城关渡、长屿岛渡、海屿渡
福清县	坝头渡、三星渡、倪埔渡、松潭渡、吉兆渡、双屿渡、江阴渡、小麦渡、南城渡、牛头渡、万安渡、厝场渡、海滨渡
平潭县	南江渡、北楼渡、草屿渡、大练渡、小练渡、苏澳渡、娘官渡、芬尾渡、屿头渡、流水渡、小庠渡
连江县	小沧渡、塘坂渡、樀坂渡、下濑渡、港里渡、仁山渡、上洲渡、过峰渡、潘渡、长汀渡、横槎渡、斗门渡、荷头渡、山堂渡、彬塘渡、洪塘渡、塔头渡、蝉步渡、浦口渡、东岱渡、樀尾渡、下屿渡、竹屿渡、马鼻渡、前屿渡、门边渡、东洛渡、浮曦渡、贵丰渡、文丰渡、东岸渡、在洋渡、后沙渡、莲岐渡、官岐渡、壶江渡、定安渡、琯头渡、川石渡、塘下渡、定岐渡、长门渡、长沙渡、下岐渡、朱步渡、可门渡、坑园渡、下官渡、新辉渡、奇达渡、松皋渡、荻芦渡

续表

地县	渡口
罗源县	五里亭渡、岐头渡、泥田渡、大荻渡、乘风渡、迹头坝渡、选屿渡、尾屿渡、北山渡、三道渡、梅花渡、狮岐渡、碧里渡、亭下渡、牛坑渡、坑头渡、禀尾渡、禀头渡、新澳渡、濂澳渡、鉴江渡、都下道渡、王庭洋渡、罗汉洋渡、船头渡、徐重渡、坪演渡、蕉潭渡、吉壁渡
郊区	湾边渡、洪塘渡、螺洲渡、马尾渡、闽安渡、亭江渡、琅岐金沙渡、琅岐龙台渡、纹石渡、城门下洋渡、城门绍岐渡、燎原渡、琅岐新道渡、新岐渡、陈厝渡、峡南渡、筹东渡
仓山区	龙潭角渡、江心公园渡

据1988年《福州交通志》载,1951年,福州市区纳入管理的码头、道头共57个。据2008年《福建省志·闽台关系志》载,2000年,福州港有码头82个,其中深水泊位8个,有万吨级集装箱、煤炭、杂货码头和7500吨级客运码头。

一、东冶港

东冶港位于福州东部。东汉早期,东冶开辟为港口,从此出发的海船可抵达交趾(今越南北部),南方郡县及属国的海运及朝贡贸易皆走这条航线,东冶港成为海外朝贡贸易的重要中转港口,可以转运贡物前往东汉都城。《后汉书·郑弘传》载:"旧交趾七郡,贡献转运,皆从东冶泛海而至。"

三国时期,闽人善于操舟已经闻名,左思《吴都赋》描写孙吴航海盛况,"弘舸连舳,巨舰接舶","篙工楫师,选自闽禺"。三国孙吴建衡元年(269),在建安郡侯官县置典船校尉,负责于此监督造船。开元寺门前的东直巷、还珠门(今虎节路)外有渡口。此后,由于泥沙淤积，东冶港逐渐成为陆地。

东冶港的军事地位突出，而且是转运的中心。西晋张华《博物志》载："东越通海，处南北尾闾之间。三江流入南海，通东冶，山高海深，险绝之国也。"隋开皇九年（589），江浙高智慧和"南安（今泉州）豪族"王国庆等起兵反隋，高智慧自称东扬州刺史，割据越州，有多艘海船在海上活动。隋文帝派遣杨素领兵征讨，高智慧兵败，从海道退逃东冶。

从屏山宫殿遗址、新店古城、牛头山宫殿遗址、浮仓山闽越王转漕建筑遗址、冶山北侧西汉大水沟铁锚的出土，以及史书对大庙山的记载，可以佐证东冶港开港于闽越国时期。在屏山汉代遗址曾发现一个汉代码头，码头边有一条东西走向、口宽17米、底宽13米、残深1.3~1.5米的汉代大水沟，从水沟中出土一件铁锚，重32.5千克，通长51厘米，通宽52厘米。码头上有汉代铺地砖，码头与铁锚被倒塌的汉代建筑构件覆盖，由此推测宫殿面临东冶港。

二、邢港码头

邢港码头在马尾区亭江镇、迥龙桥南北两侧。邢港，古称龙溪、迥港、回港。汉高祖五年（前202），无诸为闽越王，开埠福州港，闽安的四面山峰为屏障，迥龙河是天然的避风港。东汉章帝建初八年（83），迥龙河因其地势优势被辟为南北货物中转站闽州（今福州）港的重要港口，交趾七郡，转运贡口，贡船入泊迥港本浦，称为贡船浦。贡船浦是当年汉代外国贡船入泊待检的渡口之一，如今建有1000平方米的贡船浦公园和五层鼓楼。2020年，马尾的迥龙桥及邢港码头（闽安古镇）、罗星塔被列为海丝史迹遗产点。

据2010年《闽安镇志》载，田螺湾西北一带山上古时曾是闽安镇旧址，以后不断拓展，造就了新镇即现址，旧址应是唐代陈岩建立的。

王审知治闽时兴建了迴龙桥，闽安镇才发展到邢港两岸。

邢港码头为晚唐五代时期重要的海外贸易码头。[1] 邢港（今闽安镇内港）沿岸有水门道军用码头、口头街海关埕码头、员山码头3座古码头，八桨道头、拍铁道头、慈善门道头、菜园道头、松门庙前道头、海船道头6个古道头，有贡船浦、深坑浦、登文桥浦、鱼池浦、桃溪浦、重云浦、员山水寨浦、双浦8个古浦头，分布在迴龙桥南北两侧，呈内八字形排列。

闽安邢港古航道有迴龙桥、邢港码头、税课司旧址。迴龙桥始建于唐代，南宋郑性之重修，清康熙十六年（1677）协镇沈公再修。唐太宗时，邢港成为闽州重要口岸。北宋时扩建沿江道头，开辟福州至钱塘江的航线，把福建盛产的大米源源不断地从闽安运往京师。[2] 绍光十年（1140），造船专家张浚奉旨在邢港造海船千余艘。[3] 元明两代，闽安镇均设立福建省盐馆总卡，负责管理福建沿海各地盐船的税收。郑和七下西洋期间，船队六次停泊邢港，闽安至今留有三宝埕、三宝街地名。[4] 随着福建市舶司南移福州，东南亚各国贡船，均在邢港停泊候检。[5] 清代在邢港南岸边设立海关，海内外来往福州的商船均须在邢港停泊，验送关防，缴纳商税。康熙二十六年（1687），清廷遣海宝及徐葆光二人经邢港往琉球国测绘地图。[6] 明清两代册封使均从邢港出发，并由闽安水师护送。琉球贡船须在邢港停泊，经巡检司

---

[1] 郑好：《广西特色海上丝绸之路文化遗产保护区建设的思考》，《广西社会主义学院学报》2018年第3期：第92—97页。

[2] 林宇：《千年水道话邢港（一）》，《海峡时报》，2015年9月17日。

[3] 江小鹰、杨成和：《闽省门户闽安镇》，《海峡时报》，2012年4月6日。

[4] 李灿煌主编：《晋江华侨轶事》，厦门大学出版社2002年版，第25页。

[5] 林璧符编著：《闽都文化源流》，中国社会出版社2003年版，第264页。

[6] 福建师范大学闽台区域研究中心编：《钓鱼岛：历史与主权》，海洋出版社2013年版，第21页。

会同有司检验封舟,然后驶往福州内港河口,卸下贡品,再候旨进京。

明谢肇淛《夜渡马江》云:"新宁过不远,大江若天划。盈盈百余里,待潮复待汐。孤舟出海门,豁然乾坤白。石马不可见,浪花三千尺。时闻欸乃歌,中流汛空碧。晨鸡喔喔鸣,依稀辨城陌。风波愁人心,安能久为客?"[①]

三、吴航头码头

吴航头码头又称太平港码头、河阳港码头,在长乐区。

吴航头造船业历史悠久,久负盛名,具备海上交通运输及贸易往来的优势条件,为出洋提供了物质基础和技术支撑。相传吴王夫差造船于长乐六平吴航头,吴航头因此得名。《闽中记》载:"吴灭越国,尽得此地。吴王夫差尝略地至此,作战舰,称吴航云。"《八闽通志·地理志》载:"太平港,在(长乐县)西隅。吴王夫差尝于此造战舰,即古吴航头也。"

三国时代,东吴集结东汉谪徙者在吴航头造船,并在吴航头设置典船校尉,开启了福建官办造船的历史。乾隆《长乐县志》载,"三国时吴主孙皓,派遣会稽太守郭诞,在此造船航海。"《三国志·吴书》载:"东吴孙权于黄龙二年(230),遣将军卫温、诸葛直将甲士万人浮至吴航进攻夷州,得数千人返。"

吴航古城是郑和七下西洋的舟师驻泊地和开洋起点。《闽都记·卷二十六》"郡东长乐胜迹"载:"太平港在县西隅,今水次吴航头是也。国朝永乐十一年,太监郑和通西洋,造舟于此,奏改今名。"

清方殿元《六歌吴航头》诗云:"吴航头,日夜滔滔使人愁。夫差

[①] 福州市地方志编纂委员会编:《福州马尾港图志》,福建省地图出版社1984年版,第296页。

当日臣于越，七闽一顾雄心发。乘船直尽大海东，回向中原事征伐。黄池会罢国已空，潮去潮来只明月。太伯子孙尚如此，何况鸿毛窃风起。未许苴茅恋不归，化作战场几千里。海上波涛何日止，欲学田横岂能比。近闻剽掠到循城，科头跣足拥旄旌。吾家去此四百里，乘流一夜能兼程。有姊孀孤弟妹弱，满地兵戈何所托。待得安澜斩鲸鳄，羁旅忧多头亦白。"

四、侯官渡

侯官渡在峡江漈南港南岸。据 2001 年《闽侯县志》载，侯官码头在唐武德六年（623）已开港，是闽江流域早期港口之一，亦是当时侯官县衙所在地。在侯官临江的坡地上，建有一座七层护镇石塔，千年以来被视为侯官港的标志。民国时期，凡福州西行的轮船均要在此靠泊，运载旅客，装卸货物。侯官古渡作为连接福州与其西部诸县的水路要道，是上街地区的门户，是前往省城的起点和中转码头。闽江沿岸的小箬、源口、白沙、竹岐、榕岸、港头、侯官等处都有开往福州的定班客船。

侯官境内的木帆船客运始于唐贞观年间，到民国轮船运输兴起，木帆船客运才逐渐被取代。[①] 古代，侯官渡有摆渡人，撑篙或划桨，依潮汐涨落行舟运客。当地人加入撑船拉纤行业，将食用油运往福州，顺便载客，称油渡。清光绪二十九年（1903），上街人张元奇和刘鸿寿集资建造"江甲号"蒸汽轮船一艘，开始在闽江下游一带营运，为闽江内河航运之始。光绪三十三年（1907），张、刘二人又建造煤炭机帆船，辟新线航行于洪山桥至闽清水口间，途中设永丰、侯官、白头、

---

① 福建省轮船总公司史志办编：《福建水运志》，人民交通出版社 1997 年版，第 227 页。

甘蔗、竹岐、白沙、源口、小箬等停靠点。1924年，又开辟了福州至南平直达快班船和区间班船。

1952年，闽江上游木帆船联运社在侯官设联运组，由侯官、马保两地船只共16艘组成，并成立搬运工会。① 1959年建立运输合作社，同时吸收了竹岐乡榕岸代办站的船只参加。1962年成立侯官木帆船运输社，当时有人员121名，船只49艘，兼营搬运、渡口等。1978年以后，县内的渡船逐渐都安装了动力机械，大型钢质班轮（俗称铁壳船）开始加入运营，安装有两台大马力柴油机，客舱还分上下两层，搭载能力大幅提升。20世纪80年代配有钢质机动渡船1艘，木质机动渡船3艘，渡工12人，由上街镇搬运站经营管理。1980年，还有10辆三轮摩托车经营上街至侯官渡口码头、上街至三岐、上街至榕桥等线路的客运。1985年有13辆，1990年加到32辆。上街各村的村民上省城购物，到县城办事，多在此上渡乘车，最多时日均客流量达2700多人次。

宋喻良能《渡江至侯官镇记所见》云："破腊侵星渡急流，晓风吹动黑貂裘。黄云不断碧云暗，荔子林边甘蔗洲。"② 明进士孙昌裔《侯官市夜泊》云："纤月青山外，芦花白雁边。宵光看野烧，人语隔江烟。潮落河流浅，天低象纬连。渡头谁击柝，愁杀木兰船。"③ 曹学佺《侯官市》云："解缆已更市，榜歌犹未残。镇村垂橘庙，拍水漂麻竿。日泻帆光淡，江澄塔影寒。驿楼经再宿，亦觉别情难。"④

---

① 叶红：《千年古渡侯官渡》，《闽都文化》2021年第8期，第16页。

② 黄海：《童年忆趣：番薯情结与麦当劳诱惑》，广西师范大学出版社2017年版，第139页。

③ [清]林枫著，[清]郭柏苍辑，[民国]郭白阳撰，福州市地方志编纂委员会整理：《榕城考古略》，海风出版社2001年版，第98页。

④ 陈名实：《从唐代的侯官县到如今的侯官村》，《闽都文化》2010年第4期，第54页。

五、海关埕码头

海关埕码头也称口头街码头，在仓山区北部的闽江南岸、朝阳路以北、六一南路以东范围，系水泥趸船浮码头，1个泊位，长36米，靠泊能力100吨，供海关交通船停泊。海关埕是闽海关所在地，来往船舶均要靠泊此码头检查关防证件，缴纳商税厘金。据2010年《闽安镇志》，口头街码头自唐代以来，就是闽安关防所在，税务机构在此收税，现存闽海关税务官邸旧址。

泛船浦，也称番船浦，是闽江下游的深水带，曾经是明代福建市舶司的码头，是水陆交通的枢纽，存放在马尾港的货物，用驳船运输至此十分方便。清咸丰十一年（1861），闽海关在泛船浦建了一座西式的两层办公楼，海关埕由此而得名。过了一年，建验货厂于北端，耗银2733.33两，占地4.15亩。南边是验货办公室、样品室和饭厅，伸向江中的部分是海关码头。码头原是石板道，新中国成立后改建为水泥码头。1966年，在原关帝庙旧址建成7层办公大楼，立于码头江岸。

鸦片战争后，最初外轮只能靠闽江口或马尾，然后再经驳船前往市区。1862年海关码头建成后，使得中小型货轮可以直驶到市区，减少货物盘转周折。随后在仓山沿闽江岸边又相继建成一批码头和货仓。进出南台港各码头的轮船也逐年增多，其中英商的船只最多，延续到19世纪末。同治十三年（1874），英国德意利士公司在泛船浦设立义和行（俗称三海公司），经营福州经厦门、汕头至香港的航运，此为福州轮船客运公司之发端，共有2500吨级"海登""海宁""海阳"3艘轮船，每周定期2班。此后一批中外船运商在仓山设立公司，购进轮船进行运输。大型轮船多停泊于马尾，由小轮将乘客从海关道、舍人庙道载至马尾上船，吨位较小的客轮则进港直泊。

1907—1917年，福州—兴化航线开通，从福州的海关码头，可乘坐小蒸汽船到三江口，再前往兴化府城。1933年12月，闽海关建立联锁仓库制度，当时从台湾运至马尾港的大批货物，都由驳船盘运至海关埕码头。

1912年4月20日，孙中山辞职回粤，途经福州，在广东会馆接见广东同乡和同盟会福建支会同志，题词"勠力同心"。[1] 第二天下午去海关埕码头乘轮船返粤。

咸丰《福省全图》之番船浦

六、东岐码头

东岐码头在马尾区亭江镇东岐村的闽江口，是闽安邢港古航道的一部分。东岐古称翁崎，据宋梁克家《淳熙三山志》载，"翁崎渡，三十里乃至入城"。宋元时期建在江边岩壁上，按岩石走势在石壁上凿4段台阶，共94级，历代沿用。如今东岐古码头上还遗留着二三十级石阶，凿工精细，保存良好。

这一段闽江江面宽且水深，不会淤积，便于大舟出行，还有一个小锚地，可避风、停泊。东岐古渡创始于南宋淳熙九年（1182）之前，庆元三年（1197）以来发展为闽江口抵达福州的要道。郑和七下西洋时，东岐古码头是其在闽江下游泊船、候风、补给的重要地点之一。清康熙重开海禁后，东岐码头曾一度再现繁忙景象。[2]

---

[1] 政协福州市仓山区文史资料委员会编：《仓山文史（第6辑）》，1991年版，第26页。

[2] 紫蔓：《亭江东岐：千年码头犹在，沧桑海丝遗存》，《海峡时报》，2023年2月24日。

在东岐古道头之东，江中有一块礁石叫印礁，也称印岛、印砂，呈三角形。一角朝北，底部向南，略凹，距岸边二三百米，是东岐古码头的天然屏障。东岐码头边留有黄祖容题记，楷书竖刻两行："道光十七年（1837）蒲月谷旦，黄祖容等重整魁龙道"。魁龙道古道头又称瀛州大道，是位于东岐山西麓魁龙潭的一个古津渡口，建于明嘉靖十五年（1536），清乾隆、道光年间先后重修过。[①]

2014年，东岐码头旁的天后宫经过重修对外开放，天后宫一旁新竖起一尊高14.35米的妈祖像。

七、接官道码头

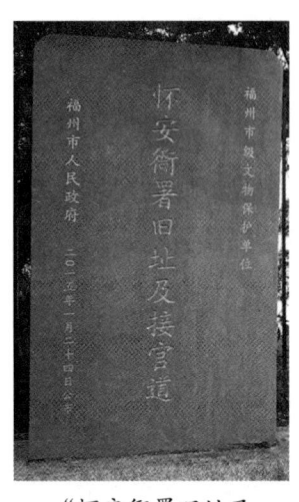

"怀安衙署旧址及接官道"碑

接官道码头又称怀安芋原驿古渡、怀安窑古渡，在仓山区建新镇怀安村东南面乌龙江边，包括古接官道及码头。据2007年《建新镇志》载："淮安有……建于宋代的石造大码头——怀安大道"，"元代以后，淮安地界时常遭受闽江上游溪洪冲蚀，因而怀安县衙移至福州城内，原怀安县衙改递运所，所北设芋原驿。"怀安撤县以后，位于石岊山边的芋原驿并未被裁撤，而是与怀安县一起并入了侯官县，继续行使着码头的功能。芋原驿也称石岊馆。在福州南台岛的西北端有岊山，称石岊，石岊有驿站，称石岊驿。

接官道为突堤式结构，西面3块巨石伸入江面形成码头。码头石

---

① 国家文物局主编：《中国文物地图集·福建分册（下）》，福建省地图出版社2007年版，第59页。

板道宽约 5 米，条石铺就，上有百余条横向凿槽，上下船时可防滑，还有用于拴绳、方便船舶停靠的石槽遗存。乌龙江江面宽广，水流平缓。接官道码头是福州与日本及东南亚一些国家开展陶瓷交易的一个重要码头，旁边立有"怀安衙署旧址及接官道"石碑。

芋原驿石碑后围栏内的石道称接官道。怀安窑古渡北距怀安窑遗址约 100 米。怀安窑瓷器的转运外销主要通过石器山西麓三相公庙下的马尾道码头及其南侧的接官道码头。

在仓山区怀安衙署遗址前侧 200 多米处河浦边有怀安石桥，也称四达桥、仕达桥，南北走向，始建于宋代，桥西北侧江边连接古官道。桥面一条石梁上镌刻有宋代文字，现已模糊难辨，可辨阴刻"伍贯文造桥梁一"残文 7 字。相传古时福州秀才进京赶考，须经过古渡口上船，而中举返乡上任之时亦须路过这条斑驳的接官道。登船落船时则参拜祈福，以祈求家族的世代荣耀与平安。淮安是福州三大进士之乡之一，至今当地居民仍有在这株古榕下祈福的习俗。

朱熹曾两次驻足于此，在芋原渡附近的驿站留墨榜书"芋原"二字。朱熹当年来福州，留有《宿石㟍馆二首》和《晚发怀安》，其一写道："停骖石㟍馆，解缆清江滨。中流棹歌发，天风水生鳞。名都故多才，我来友其仁。兹焉同舟济，讵止胡越亲。舞雩谅非远，春服亦已成。相期岂今夕，岁晚无缁磷。"明车大任《初到芋原驿》诗云："驿路依山畔，州城接海滨。已经三伏日，犹见八闽春。树密含风静，花繁带雨新。颍川如可继，何敢让前人。"[①] 明曹学佺《叶君锡北上过浮山堂话别》云："泊舟芋原驿，好我入林庄。花雨助池涨，松云穿峡

---

① [明]车大任、车以遵、车万育等撰：《邵阳车氏一家集（1）》，岳麓书社 2008 年版，第 86 页。

长。兴狂才着屐，绪发即离舫。期尔成名后，时时过草堂。"[1] 明林希元《至芋原驿有感》云："芋原江上水悠悠，此日邮亭又系舟。世态古今随日变，波涛日夜向东流。三山云起楼台隐，西峡风高草树秋。独怪百年成底事，图书归去雪盈头。"[2]

八、郎官渡

郎官渡在福清市渔溪镇郎官村、兴化湾畔，据1994年《中国海湾志》载，郎官渡是宋代对外贸易口岸之一，也是历代渔溪华侨出入的主要口岸。江阴古来有7个主要渡口：郎官渡、下渚古渡、渚头古渡、东港南城头古渡、莆头古渡、南隅的壁头古渡、东南隅的岸头古渡。

建郎官渡的县官郎简，字叔廉，临安（今杭州）人。宋真宗祥符年间（1008—1016）担任福清知县。在任时爱护人民，同情贫民苦难，重视地方建设，建东塘（古名石塘陂）蓄水灌溉农田，又筑堤围海，建湖储水以淡化盐卤地，并在其旁建渡口，以方便人民出海和船舶靠岸。人们为了纪念他的功劳，称该渡口为"郎官渡"。

郎官渡后来成为20世纪20年代至30年代福清人出洋的主要渡口之一。当年许多福清乡亲就是从这里挥别亲人，登上小船，驶向停泊在外海的轮船，或前往厦门口岸，开始异国他乡谋生之路。

明蒲璧《郎官渡》云："郎官渡口说郎官，能使居民奠枕安。志在济川真可尚，功归导水自来难。浸淫积潦通流净，澄彻清光照眼

---

[1] 沈乃文主编：《明别集丛刊（第5辑，第18册）》，黄山书社2015年版，第296页。

[2] [明]林希元著，泉州文库整理出版委员会编：《林次崖先生文集》，商务印书馆2018年版，第459页。

寒。我欲勒铭夸盛德，便须刻石树江干。"① 偶桓《郎官渡》云："郎官渡口树亭亭，曾为郎官系绿舲。匹练莹连三辰白，联螺晴漾九峰青。风传渔唱来前渚，雪压鸥群下别汀。老我犹存钓鳌手，持竿从此欲浮溟。"叶湜《郎官渡》云："郎官渡口浪如雷，系缆沙头日几回。拯溺昔闻忧世志，济川今见出群材。已驱积潦归沧海，还使春风发朽荄。欲刻琼瑶昭令德，不知谁有纪功才。"范能《郎官渡》云："郎官渡口听讴歌，尽说郎官德政多。山作马鞍横玉阜，江拖练带落银河。万夫疏凿今重见，千古声名久不磨。从此熙熙民乐业，天时地利日相和。"②

九、台江码头

台江码头是台江港内所有客运、货运码头的统称。北宋元祐年间（1086—1094）以前，辖内大庙山以南尽是闽江水域。《三山志》载："浮桥，由郡直上南台，有江广三里，扬澜浩渺，涉者病之。"在大庙山南麓，沿岸有两个大沙痕，可供来往船只装卸货物，成为天然的码头，原名"上航""下航"，古代"杭"与"航"相通，又称"上杭""下杭"。后梁开平四年（910），闽王王审知在此江边的新市堤饮宴，为朝廷派来的册礼副使翁承赞送行。北宋元祐年间，楞岩洲（今中亭街）从闽江水域外拓。③ 随后，瀛洲、苍霞洲、义洲、帮洲亦相继由于大量泥沙冲积而连为一片陆地。沿江一带多以滩、坡或石阶作为供船只停靠的简易道头，台江港逐渐形成。明弘治间（1488—1505），台江港区的中心移至水部门河口尾一带。台江地区帮洲、义洲

---

① 四库全书存目丛书编纂委员会编：《四库全书存目丛书·集部》第315册，齐鲁书社1997年版，第38页。
② [明]张国维：《吴中水利全书》，卷28，广陵书社2006年版，第6页。
③ 李乡浏、李达：《福州地名》，福建人民出版社2001年版，第157页。

沿江一带的道头，如保留至今的攀龙道、尚书道、沙埕道（在今义洲闽江段），是闽江上中游货船停泊场所。攀龙道最多时停泊船只千艘以上。

河口渡在台江区新港街道的直渎新港河口。万历《福州府志》载："柔远驿，在水部门外河口进贡厂之南，国初建，为外国使臣馆寓之所。"河口渡水行30里可至王埔渡，再经30里水程可至翁崎。河口在福州城东南部，约离南门一两千米。河口以南，有较宽的河道直通闽江，可通行海船。宋代，官府在此设置临河务，对往来商船抽税。明代中叶，朝廷确定福州为对琉球贸易口岸，河口是福州城外大船所能靠泊的最近码头，后又成为制造册封琉球大舟的工场所在地。[1] 景泰年间（1450—1457），福州所属烽火门五水寨造船厂并于河口。成化八年（1472），福建市舶提举司自泉州迁来福州后，琉球国贡船到达中国，均先停泊河口渡。在台江琯后街建了柔远驿，俗称琉球馆。[2] 弘治间（1498），福建镇守太监邓原主持从上王码头引闽江水，通入河口，在河口尾修建直渎新港，简称新港，以便夷船往来。傅衣凌《福建琉球通商史迹调查记》载："迄于清代，河口仍为琉球商人集居之地，故老相传，当贡船来闽时，其地的繁华殷盛，曾为全城之冠。"康熙七年（1668）建桥，称河口万寿桥，桥西建万寿庵，庵里有鼓山方丈道霈所书《河口万寿桥记》。[3] 今天琼河在河口

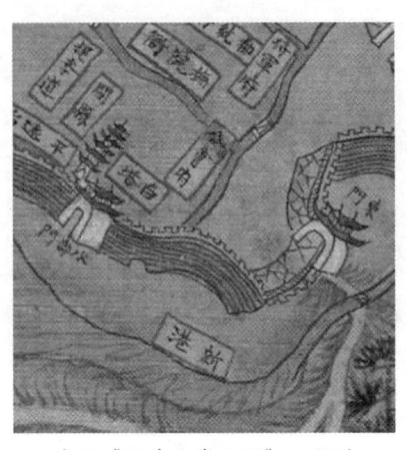

康熙《福建海岸全图》之新港

---

[1] 赵麟斌主编：《闽文化的前史今声》，同济大学出版社2011年版，第175页。
[2] 中国人民政治协商会议福州市台江区委员会编：《台江文史（第3辑）》，1987年版，第56页。
[3] 《福州掌故》编写组编：《福州掌故》，福建人民出版社1998年版，第123页。

万寿桥部分被称作新港河、万寿河、直渎浦、旧河、琼河、琼水、琼东河。

康熙五十六年（1717）实行海禁，历时10年解禁。[①] 此时洪塘港口淤积，各处商船多驶往台江，使台江地区贸易繁荣。1914年，福州建设第一条马路时，在其终点处的坞尾建石砌新码头。1920年，福建招商局修建招商局专用码头，石砌双开。1927—1930年，从鸭姆洲至新桥仔分两期填江辟地，建6个码头和10个混凝土道头。1929年，拓宽万寿桥，填塞六孔桥下之地，自万寿桥至排尾修驳岸，长约1千米，第一至第四码头有木方舟引桥与陆地相连。1930年，建洪山桥码头，石砌。1934年，在台江第五、第六码头建造铁浮桥和铁引桥，可供外轮停泊。1935年，建龙潭角码头并提高洪山桥桥墩，上游汽轮可穿过洪山桥直达台江码头。1936年，在恒昌埕建成木质客货码头各1座，称恒昌埕码头、平水码头。

1950年，先后增建5座木质浮码头。在解放大桥东侧6个码头的基础上建成4个泊位的台江客运码头。1951年整顿道头，台江港区和内河被纳入管理的码头、道头有太阳道等40个。1953年，修建台江第一至第六码头，在各码头之间建造木道头7座，供下江（福州沿海各县）来榕的渡船靠泊使用。同时扩建海关码头，建造木质浮码头，方便粮食等货物进出仓库。洪山桥、龙潭角等码头也都进行了修复。龙潭角、恒昌埕码头为往返上游的客船及货船靠泊专用。1960年后，码头建设继续向鳌峰洲发展。1975年，在鳌峰洲建石岸50吨级泊位9个。1985年，拓宽江滨路，台江第五、第六码头辟为江滨公园；第四码头作为驳运码头；第三码头改为水上乐园；第一、第二码头作为闽江下游客运码头。1986—1990年，鳌峰洲第一、第二期码头工程各建成千

[①] 台江区地方志编纂委员会编：《台江区志》，方志出版社1997年版，第334页。

吨级泊位2个。①

  1912年4月21日，孙中山一行及陪同的福建官员从台江码头乘船离开市区，在马尾铁水坪登岸参观船政各厂。1946年端午节，为庆祝抗战胜利，由省立福州公共体育场组织全省选拔的30多支龙舟队参加在台江码头举办的龙舟竞赛。闽江地下航线是解放战争初期的秘密交通线。1959年拍摄了电影《地下航线》。2020年7月1日，"闽江地下航线"（台江—马尾）在台江旅游码头举行首航启动仪式。

  明曹学佺《台江观竞渡二首》云："山河原属越王台，台下江流去不回。只为白龙先入钓，纷纷鳞甲截江来。人看龙舟舟看人，人行少处少船行。有时泊在柳荫下，萧鼓寂然闻水声。"② 清符兆纶《和友人台江》云："流过台江恨即消，当楼一碧水迢迢。渡头日落逢征雁，浦口风高上晚潮。远色自钟螺女秀，清歌不奈昼娘娇。平生怕作销魂别，况此垂垂柳万条。"③ 清王允晢《好事近·台江晚渡》云："帆影入桃花，花外青山斜日。报与黄昏潮信，有过江残笛舟。行同在画中看，清影倩谁惜。准备一襟幽思，付夜蟾澄碧。"④

  古舆地图和航海图中，康熙《福州城图》、康熙《福建海岸全图》、道光《福建沿海总图》和咸丰《福省全图》都描绘了新港等台江码头。

十、峡江渡

  峡江渡又名峡兜渡、西峡渡、峡北村古渡，在仓山区城门镇峡北

---

① 福州港史志编辑委员会编：《福州港史》，人民交通出版社1996年版，第500页。

② 福州市台江区民间文学集成编委会编：《中国歌谣集成·福建卷·台江区分卷》，1989年版，第314页。

③ 福州市政协文史资料和学习宣传委员会编：《福州内河史话》，福建人民出版社2018年版，第342页。

④ 李乡浏主编：《福州诗咏》，鹭江出版社1999年版，第116页。

村、南台岛东南端,隔乌龙江与闽侯县峡南相望。峡兜渡由官府开设,以惊险而闻名,宋代诗人郑侠有诗"秋风西峡风徘徊……天堑波涛亦壮哉"。梁克家《淳熙三山志》载有西峡渡。

"龙江飞渡"石刻

从宋代开始,峡兜江上有十几艘官募渡船,往来如织。元至正间(1325—1368),元帅索多募民户置13艘渡船。两岸各有亭,为行人憩息之所。岁久而圮。明成化间(1465—1487),镇守太监陈道重建。万历四十年(1612),为避峡江之险,曾设阳岐渡,改从阳岐过江,于是峡江停渡。次年,又因往来阳岐不便,重开峡江渡。[①] 清乾隆二十六年(1761),福州郡守李拔在乌龙江渡口手书"龙江飞渡"四字,刻在石山浮礁石上。

1933年开始,用小木船渡人,每人每次收过渡费3角,满载后开船。当年11月,福建人民革命政府财政部拨给1000元渡费和2.1万元码头建筑费,建成临时码头,用小汽船拖带木质渡船运送军需品,旅客另用小船运送,这是峡兜有渡轮之始。[②] 1934年2月,福建省公路总工程处设计建造正式码头,建成后亦只渡货车。1935年3月,福厦公路全线通车后,客车可直接过渡。1939年,码头遭日军飞机轰炸毁坏,轮渡中断。1946年,福建省公路船舶管理局按原样修复,北岸码头长43米、宽6米,南岸码头长40米、宽5.5米,添造双车渡船3艘,载重20吨。1948年6月,福厦公路修复通车至莆田,渡船由一渡一车

---

① 杨济亮:《驿道上的古渡》,《闽都文化》2016年第6期,第24页。
② 鹿野:《乌龙江上的轮渡岁月》,《闽都文化》2021年第2期,第43—46页。

发展到一渡两车。1952年重建了混凝土码头。1953年后码头设备不断改进，运力从一渡两车发展到一渡四车、一渡八车直至一渡十车。

宋林亦之《过西峡渡》云："白鹿山头云欲颓，峡门滩下水如雷。锦囊破裂原无用，席帽岭崎还更来。我自未能逃世俗，人谁便解脱尘埃。扁舟且趁牛羊渡，莫问于今第几回？"[1] 明孙昌裔《雨中渡峡江》云："一苇凌云渡，风生万里烟。山形雄障海，水势远浮天。急雨蛟龙斗，盘涡鸥鹭旋。有情难自遣，愁见此茫然。"[2] 另有诗云："漫言闽海三千岛，休论延津百二滩。怎及乌龙江咫尺，行人未渡胆先寒。""近来舟楫稳波澜，登岸争先不转看。昔日有人过此渡，寄言回去报平安。"叶春及《峡江渡》云："峡江亭前秋叶多，峡江渡口足风波。知君急渡如江水，帆影先开奈尔何？"[3]

十一、绍岐渡

绍岐渡在仓山区城门镇林浦绍岐村江边。绍岐码头边有林浦石塔，南宋绍熙四年（1193）重修，古时为闽江的一个航标。

南宋初年，宗室贵族从绍岐渡上岸避难求福。南宋末年，益王赵昰又从绍岐渡上岸称帝。[4] 林浦平山堂成为宋帝行宫。

在清光绪十年（1884）中法马江海战中，福建水师"伏波""艺新"两舰逃离战场后停靠在绍岐码头。福建地方军事当局恐法军溯流而上攻击省城，遂将两舰及部分商船凿沉于林浦至魁岐江段，构成阻塞线。

---

[1] 中共仓山区委宣传部、仓山区文化局编：《历代诗人咏仓山》，1999年版，第22页。

[2] 林国清主编：《福州景观》，鹭江出版社1998年版，第82页。

[3] [明]叶春及：《石洞集》，卷18，清嘉庆版，第42页。

[4] 孙群：《福州古塔的建筑艺术与人文价值研究》，九州出版社2019年版，第48页。

十二、马道塍

马道塍又称马道头、马埠头，是平潭钟门下澳底码头、平潭第一码头，在平潭苏平镇苏澳村、钟门村，对岸是福清海口和长乐松下。唐宪宗时期的宰相李吉甫在《元和郡县图志》中载："海澶山，县东一百二十里，山在大海中，周迴三百里。"作为当时的牧马地，一些地势平缓的澳口用于运输马匹，传送给养。据1989年《平潭县交通志》载，宋时设巡检司于钟门，修道路直通钟门，连接两澳，并在钟门澳西北角修建码头，称为马道头，道面用大石板铺砌，可通行马匹，是宋时平潭前往福清、长乐的主要交通港口。

由于钟门一带人烟逐渐增多，船舶往来频繁，平潭与大陆的交通正式开启。据《宋会要辑稿》载，当时福州之"船舶都会"乃在钟门海口，有许多番舶前来。钟门巡检司的职责是掌管过往船舶以及出海巡警，这是平潭最早的官方海防与航运管理机构。《三山志》载，"海口去钟门不远，巡检廨宇移置不常。宝元（1038—1040）以前，治钟门"，"嘉祐四年（1059），蔡密学襄奏：'沿海州、军兵士不习舟船，无以备海道。福州钟门巡检一员，掌海上封桩舶船，其令出海巡警。'"

清雍正五年（1727）后，平潭渡口剧增。[①] 潭城、苏澳、旗杆尾、屿头、大练、南盘、玉屿、流水、北厝、娘宫、鱼塘、塘屿、观音澳等口岸均有渡船往来。

民国期间，平潭的帆船改良为轮船，1929年，平潭船商集资创建了建通航运股份有限公司，拥有"宝利号""利昌号""公益号"客货轮3艘，其中"利昌号"航行于平潭—苏澳—福州。

[①] 念家圣：《平潭史话》，光明日报出版社2011年版，第45页。

十三、潭城港码头

"渡船头"刻字

潭城港码头又称平潭第二码头、渡船头，在潭城镇城中村、海坛岛中部。

明代，平潭的海上运输迅速发展，出现了由潭城海港至福清海口的常规客货运输线，至明末已是平潭与大陆来往的主要交通线，"有渡船二，一名南门渡，一名里美渡，向皆福清人创置，故各以其地名之，按日轮往海口"，虽然经过几次船主易人，船只更新，但仍保留原来船名，所以称渡船头。

清顺治二年（1645），南明水军都督周鹤芝誓不随郑芝龙降清，移兵海坛岛抗清，在平潭县城关镇建总镇署，统管军政事务。康熙二十二年（1683），原福清镇东卫（现海口镇）的军营移驻于海坛岛，建"水师海坛镇"衙署于原周鹤芝镇署处。雍正五年（1727）后，平潭港移往城南街头的潭城港。水师海坛镇在潭城港左右两侧高地分别筑有北炮台与南炮台，拱卫潭城港。

渡船头码头从清末至民国曾是平潭水上交通要道。那时前往长乐、福清都从这里搭船出海。光绪二十九年（1903），海关设于潭城港。民国时期，潭城港曾兴盛一时，有直通福清、福州、浙江平阳的客货班轮和来往浙江、台湾、青岛、天津的货船。

原潭城港码头在土地庙西约50米处，因年久失修，码头路面多被潮水冲毁，崎岖难行。1934年，潭城商人陈传超、陈永腾联合18家商号集资重修，在原址加长加宽。码头北面加建护堤和挡风墙，并改建客笑亭为候船室。原潭城港旧码头不能停靠客货船，旅客货物均由舢板摆渡，或退潮时在海滩装卸。1956年11月，福州港务局拨款改建为桥式码头，木石结构，长218米，宽4米，高6~7米，中间有18个桥孔，两旁有护栏。码头建有客轮泊位一个、木帆船泊位两个，总造价10万元，1957年11月竣工投入使用。1959年年底动工的"围堵竹屿口工程"最终使潭城港内变为陆地。①

在平潭福兴首境大王庙与福胜正境城隍庙外部有"渡船头，清顺治甲申年"刻字。

十四、馆头渡

馆头渡在福清市新安里，据《道光重纂福建通志》载，是由明洪武末知县侯焖所设。《海岛礁屿和沿海水途》载："内港绕于福州之连江，西为馆头。"

龙津书院位于马尾亭江镇长柄村。清光绪年间，学院以学田收成和渡口税收作为办学经费。龙津书院曾贴示谕告，督促应税的船户按

明代《福建海防图》之馆头渡

---

① 平潭县财政局编，游礼华主编：《平潭县财政志》，1997年版，第134页。

期如数缴纳祭银："馆头渡全年五千，应先、再交二千五百。"①

清洪弃生《出馆头海上即事》云："波浪日潺湲，风烟瞬息间。市依云岛起，船带汐潮还。营垒开山堡，旌旗壮海关。澎湖天色暮，何处认螺鬟？"②

古舆地图和航海图中，明代《福建海防图》和咸丰《福省全图》绘有馆头渡。

十五、五虎门

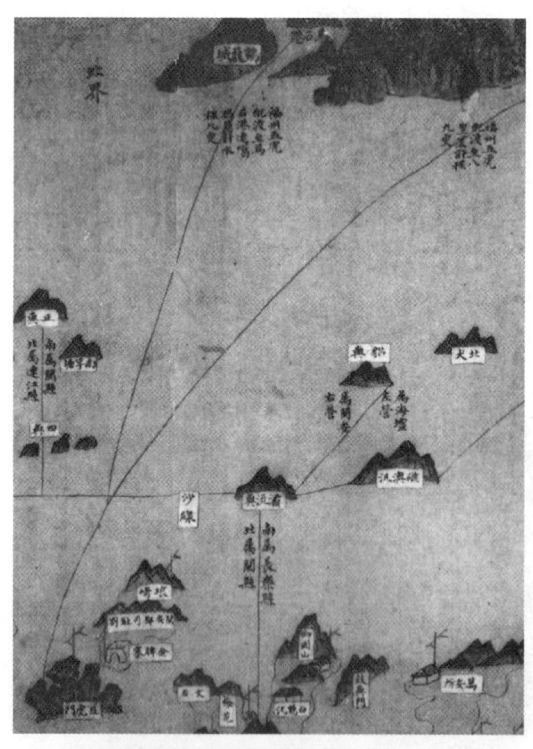

五虎门又称五门匣，在长乐区潭头镇闽江入海口。曾随郑和多次下西洋的马欢在《瀛涯胜览》中记载："占城国……自福州府长乐县五虎门开船，往西南行，好风十日可到。"费信《星槎胜览》载，永乐七年（1409）郑和第三次出使，十二月于五虎门开洋。永乐十一年（1413）郑和第四次出使，也是从五虎门开船。天顺七

道光《福建全省洋图》之五虎门配渡

---

① 陈支平：《朱熹及其后学的历史学考察》，商务印书馆2016年版，第411页。
② [清]洪弃生：《台湾文献丛刊·瀛海偕亡记·寄鹤斋诗选》，台湾银行经济研究室1959年版，第81页。

年（1463年）元月，吏部给事中潘荣率400人出使琉球，在闽安打造封舟，出五虎门，经七昼夜抵达。据《厦门志》载，清乾隆五十五年（1790），开放福州闽安镇五虎门对渡淡水八里坌。渡海船自五虎门至琉球姑米山，四十更。

许多古籍中都提及五虎门，如航海更路簿《顺风相送》、明代邓钟《安南图志》、慎懋赏《海国广记》《海岛礁屿和沿海水途》《源永兴宝号航海针簿》《山海明鉴针路》，清代徐葆光《中山传信录》、郁永河《裨海纪游》《指南正法》、黄叔璥《台海使槎录》、周煌《琉球国志略》、董天工《台海见闻录》、李鼎元《使琉球记》、汪楫《使琉球杂录》《外海纪要》《石湖郭氏针路簿》、林树梅《闽海握要图说》都载有五虎门的针路。道光《福建全省洋图》绘制了从五虎门到八里坌、乌石港的航线，注"福州五虎门配渡至八里坌，计水程九更"，"福州五虎门配渡至噶玛兰，计水程九更"。鸦片战争后，五虎门停泊的外国船只日渐增多。掌湖广道监察御史何冠英为闽省夷情叵测渐至蔓延事，于道光三十年（1850）十月上奏折："顷又闻五虎门一带泊有数只火轮船，此船行速而炮多，本与兵船无异，彼既来此，意欲何为？"

明林良箴《游双龟五虎》云："载酒入江色，还从福斗游。委蛇山翠晚，汹涌海涛秋。屿合双龟近，门深五虎浮。风恬鲸练静，月出蚌珠流。"[①] 清道光三十年（1850），林则徐《五虎门观海》云："天险设虎门，大炮森相向。海口虽通商，当关资上将。唇亡恐齿寒，闽安孰保障？"[②] 郁永河《渡乌龙江宿雾初收江光如练望海口罗星塔如一针倒悬水中因赋绝句》云："浩荡江波日夜流，遥看五虎瞰山头。海门一望

---

① 政协马尾区文史资料委员会编：《马江诗词选》，1998年版，第165页。
② 福州市地方志编纂委员会等编：《纪念林则徐诞辰二百周年文章选集》，1986年版，第122页。

三千里，只有罗星一塔浮。"①

古舆地图和航海图中，乾隆《奉使琉球图卷》、乾隆《闽省盐场全图》、道光《闽海握要总图》、道光《重纂福建通志》、道光《福建全省洋图》、咸丰《福建全图》、光绪《福建内地府州县总图》都描绘了五虎门。

十六、登文道码头

登文道码头在长乐区潭头镇文石村北侧海边、英屿和东岐村对岸、闽江南岸。据《长乐金石志》记载，登文道修建于明万历二十年（1592）。码头坐北向南，伸入江中，由条石铺成，长约99.73米，最宽处有3.44米，每块条石长4米，宽1米，现存条石16块。

登文道石刻

登文道码头是郑和下西洋的始发码头之一。此后，朝廷遣天使封琉球中山王，也在文石设祭开船。②

登文道码头还是古代长乐客商出洋的始发地，也是学子进京赶考的出发港。读书人若中举返乡，便捐一块石头，在石头上刻上名字。码头名字寓意登上文官仕途。

登文道码头岸边立有一块巨石，上有摩崖石刻"皇明登文道"。

---

① 福州市地方志编纂委员会编：《福州马尾港图志》，福建省地图出版社1984年版，第297页。

② 福建省海洋与渔业厅、福建省炎黄文化研究会、福建省社会科学界联合会、福建社会科学院编：《海洋文化与福建发展》，鹭江出版社2012年版，第156页。

十七、洪塘渡

洪塘渡也称塔江渡，在仓山区建新镇洪塘乡，邻近金山寺。乌龙江段从石岊江开始往下是洪塘江。北岸的渡口在洪塘，南岸的渡口在上街镇浦口村，也称浦口渡。从洪塘到厚陈的渡口称厚陈渡，洪塘到新洲的渡口称新洲渡。江面狭窄，水深流急，架桥不易，两岸交通多靠渡船维系。据1988年《福州交通志》载，自明成化十一年（1475）建造洪山桥后，因桥时遭水毁难以久存，每当桥废之日又得靠小船摆渡。洪塘市在福州西郊的闽江边上，是上游船只进入福州登陆的码头。

唐建中元年（780），常衮任福建观察使时曾作民歌曰："月光光，照池塘，骑竹马，过洪塘。洪塘水深难得渡，娘子撑船来接郎。问郎长，问郎短，问郎几时返。"[1] 元王翰《夜宿洪塘舟中次刘子中韵》云："胜地标孤塔，遥津集百船。岸回孤屿火，风度隔村烟。树色迷芳渚，渔歌起暮天。客愁无处写，相对未成眠。"[2] 明林玠《塔江早渡》云："塔江渡头江水赊，行人步月踏银沙。满天星斗雁南渡，两岸西风吹蓼花。"[3]

十八、阳岐渡

阳岐渡又称杨崎渡、阳崎渡、郑公义渡、瓜山渡，在南台岛东南

---

[1] 《福建风物志》编写组：《福建风物志》，福建人民出版社1985年版，第266页。
[2] 黄启权等编著：《东南名城福州》，海洋出版社1985年版，第86页。
[3] 中共仓山区委宣传部仓山区文化局编：《历代诗人咏仓山》，1999年版，第353页。

端峡兜与建新镇湾边之间的乌龙江畔、仓山区盖山镇阳岐村,与闽侯县南屿、南通隔江相望。《八闽通志》载,杨崎渡在九都、十都,"汲流驶险,渡者艰危。元郑潜始创舟济之,仍给田以赡操舟之人,有石刻曰'郑公渡'。"据1997年《福州市盖山镇志》,明万历四十年(1612),为避免在峡北过渡过乌龙江之险,商旅路线曾改为由今福州市区仓前山西行到白鹭铺,取道阳岐渡过乌龙江到今闽侯县蒙山,然后过萧家道,在大田驿与原路相接。阳岐渡是从福州到永泰、莆田及闽南诸县的重要渡口。

阳岐是严复的故里,现有严复故居和严复纪念室。严复《怀阳崎》云:"不反阳崎廿载强,李坨依旧挂斜阳。鳌头山好浮佳气,埼角风微簇野航。水鸟飞来还径去,黄梅香远最难忘。何从更作莼鲈语,东海如今已种桑。"[1] 清叶大庄《阳崎》云:"辨色呼舟渡,春潮健未降。寒罾渔舍集,曙鼓水祠撞。山影飘旗带,江声咽锁椿。终年吸浓翠,是我读书窗。"[2]

十九、琯头渡

琯头渡又称琯渡,在连江县琯头镇、闽江北岸,隔江与琅岐岛相对,往东是闽江粗芦、川石、壶江等岛。琯头是闽江口各岛来往大陆的必经之地,渡运发达。《福州府志》载,琯头渡在明代有4名渡夫,每名银3两。至今溪边山脚还遗留有古码头遗迹。

清乾隆末年,因潭头港淤塞严重,船舶改从长门水道进入琯头港。鸦片战争后,琯头港成为闽海关的监管区和大中型商轮的寄锚地。直到1949年之前,琯头港只有3座简易码头,用于货船装卸和客渡船

---

[1] 徐立亭:《晚清巨人传·严复》,哈尔滨出版社1996年版,第5页。
[2] 福州市政协文史资料和学习宣传委员会编:《福州内河史话》,福建人民出版社2018年版,第353页。

停泊。

新中国成立后，客、货、水产都有专用码头。渡船码头利用原有海关道码头，1957年在琯头角灯桩西900米处建木质引桥浮舟式客运码头。1985年，琯头与闽江口各岛交通的渡船（全为机动船）共有18艘，其中1艘为环岛航行（琯头—壶江岛—川石岛—粗芦岛—琯头），4艘专航壶江、金沙，其他渡船则分别往返于琯头至川石和粗芦岛东岸的后一、逢岐、塘下、定岐，以及琅岐岛的凤窝、龙台、金沙之间。还有沿江渡船4艘，航行于琯头至官岐、长门、寨洋、定安之间。1988年，琯头港辟为台轮停泊点，两岸贸易迅速发展，港口码头设施不断改善。1990年，开始在门边建设3000吨级对台贸易码头，在粗芦岛逢岐建500吨级码头，长门口外沿岸和岛屿还有17座小码头。至1990年底，港区已有码头15座，其中千吨油轮码头1座，100~500吨码头7座。

清胡朴安诗云："直上琯头岭，峥嵘不可攀。风声初满谷，雨气欲沉山。地僻人心古，林深鸟语闲。桃源若可觅，流水自潺潺。"清许世英和诗云："峻岭岩峣郁，良朋共仰攀。江云低渡水，村树半遮山。土沃秧苗活，春深鸟语闲。今朝雨太急，石流正溹溹。"[①]

二十、营前渡

营前渡在长乐区营前港，营前港处于闽江的白龙江、乌龙江和上洞江三江的交汇处，与马尾隔江相望。明弘治年间《八闽通志》有载。营前港亦名瀛洲港。原港区从营前新街至伯牙岩，岸段长750米。现港区向西扩展至黄石，岸段长7800米。

明代营前渡建有渡仔道和四林道两个泊位。清代闽海关在营前伯

---

① 胡朴安：《闽海二十县游记》，《俭德储蓄会月刊》1921年第3卷第2期，第92—98页。

牙岩建有办事处。① 民国时期建有新道、哲举道和唐腹浦道，只供小船停泊，1943年所建的简易木码头也仅供下游轮船公司客轮专用。1955年，福州港务局在营前新街（现瀛洲路）建简易木码头1座，可供闽江300吨级客轮停泊。到1994年止，营前港共有中小码头12座（3000吨级6座、2000吨级2座、500吨级4座）。

《闽海关十年报（1882—1891）》载："由海上通到营前停泊处的水路，10年来没有发生过重大变化。但是由停泊处到南台的一段，河床变浅了，沿途礁滩很多，已有几艘民船在兵工厂的上流触礁沉没。在上流设置航标比较困难。从营前停泊处到鼓山一段，或者过去一点的航道，目前只能通航民船。在这时期，助航设施只增加一些。"《闽海关十年报（1892—1901）》载："这时期，外部沙洲向东、西方向延伸了，但根据航道浮标的标志，实际水道没有改变。川石以南的沙滩延伸了，营前停泊处与海面之间的沙滩和烂泥滩也都扩大了。在营前停泊处附近的江中就有一条沙洲，几乎与海关办公楼并列。这个沙滩长约7链（相当于1300米），最宽处3链（相当于555米）。十多年以前，大船一般都在那里停泊，从营前停泊处到南台的中段河道。由于几年以前，为防止法国舰只侵入本市，用几艘民船装载石块自沉阻塞，河床浅了许多，政府已批准把这些障碍物搬走。"《闽海关十年报（1902—1911）》载："在1907与1908年间，在理船处的监督之下，由赫理斯船长领导，勘测了自营前停泊处至南台的一段河道，此后，这一段航道没有出现过大的变化。""在营前停泊处有一个沙滩，在1905年时，它位于停泊处与海关办公楼的中间，现已向东扩展，面积已占江面的三分之二。"《闽海关十年报（1912—1921）》载："1919年3月3日开始实行，从那一天起，浚河费用就成为一个辩论的问题。浚河

---

① 刘琳、史玄之：《仓山梁厝历史文化概览》，海峡文艺出版社2019年版，第17页。

的目的,主要是改善从营前停泊处至南台的航道,把原来水深2~3英尺(约0.6~0.9米)至10英尺(约3米)的河床挖深至17英尺(约5.2米),使吃水深的轮船可以通航。""为了便于开展工作,把闽江下游分成三段疏浚:第一段从南台到林浦,第二段从林浦到壁头,第三段从壁头到营前停泊处附近的船坞。"

二十一、嵩口渡

嵩口渡位于永泰县嵩口镇、大樟溪中上游,从德化水口下来的大樟溪和从尤溪中仙过来的长庆溪在这里交汇。清代《永泰县志》载,嵩口渡在三十四都,贡生毛羽丰捐田50亩为义渡,给渡子佃种,不索旅钱,勒碑德星楼亭。1916年,这里成立了全省首家乡级商会。[1]

在嵩口渡旁的德星楼下,竖着一块明朝设置、清宣统元年(1909)重整的"重整义渡"碑。嵩口古渡口还有明嘉靖"林带溪植榕"碑和"奉宪永禁溺女"碑。

嵩口古来为福州府经德化往闽南的必经之路,商贸发达。明清时,永泰设有际门巡检一员,衙门设在嵩口,俗曰嵩口司。

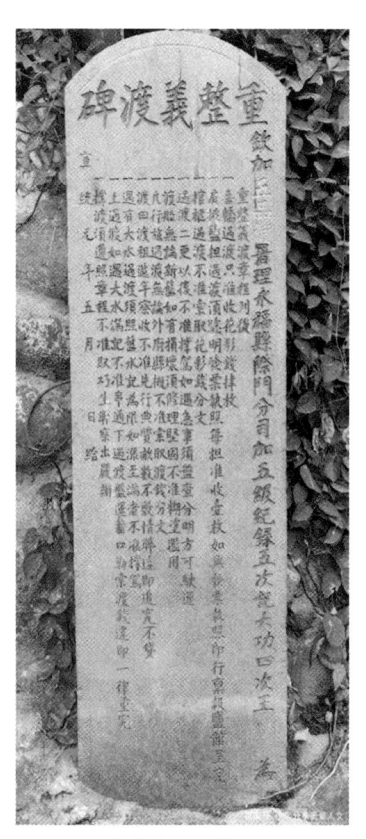

"重整义渡"碑

---

[1] 戎章榕编著:《图说福建:名镇名村览胜》,海峡文艺出版社2012年版,第28页。

二十二、湾边渡

湾边渡南临乌龙江、与闽侯南屿相望，北邻台屿，东与阳岐相连。湾边曾是南台岛福湾路通往闽侯南屿、江口一带的必经之地。清光绪《侯官志》将阳岐与湾边角并列为当时福州地区水路交通的枢纽。[①]

新中国成立前，该处有私人雀船（双尖船）百余艘，将客货渡运至南港南岸的几个乡镇。1953年成立湾边渡船合作社。1955年，福建省航管局修建石砌踏步简易客运码头一座。1956年修建候船室。1960年建水泥趸船浮码头用作客运，有两艘150客位渡船往返于湾边和江口之间。1962年5月，福建省公路局建轮渡码头，以两艘汽船拖带方舟渡运湾边至江口间来往的汽车。1973年又增建混合式客运码头。

1959年，在湾边渡口拍摄了以闽江航运为背景的影片《地下航线》。

清郑式金《湾边角归舟遇雨》云："乘风排浪片帆飞，十里江流俄瞬归。两岸林山皆不见，雷鸣云暗雨沾衣。"[②]

二十三、琅岐渡

琅岐渡又称横江渡，在马尾区琅岐镇、闽江入海口处。历史上琅岐岛上设有江朱、海屿、吴庄、衙前4个过渡处。《道光重纂福建通志》载有横江渡。

宋绍圣二年（1095），朝廷特派"闽安镇大使"驻扎琅岐岛，巡捕长乐、连江、闽县等周边县份的私盐商和海盗，检验并征收外国商船

[①] 西园村委员会：《西园乡土志》1991年版，第159页。
[②] 中共仓山区委宣传部、仓山区文化局编：《历代诗人咏仓山》，1999年版，第225页。

进口税。清顺治五年（1648）正月，鲁王朱以海乘船到达琅岐岛。[①] 顺治十四年（1657）七月初十，郑成功率师北上，进驻琅岐。[②]

1976年，郊区和琅岐乡政府在衙前北端客船码头左侧附近和闽江北岸亭江乡东岐村同时建造一对轮渡码头，1977年竣工，1979年2月购置旧木壳船一艘，承载力25吨，由拖船拖带，接送往返福州与琅岐的直达班车。1982年，渡船更新为载重45吨的钢质船，每日往返16班次。1990年代初，参与琅岐岛围海造地的建筑工人，早晨从台江码头登船，在琅岐码头登岸，归来时坐轮渡过江。1994年后琅岐码头渡运各类汽车及其他机动车，月达千辆左右。

明林世璧《渡马江》云："横江渡头云水东，波回白马撼秋风。连山喷雪何如此，好似钱唐八月中。"[③]

[①] 马兆锋编著：《复兴王朝：大明帝国盛衰三百年》，北京工业大学出版社2014年版，第213页。

[②] 杨东汉编著：《琅岐岛风采》，海峡文艺出版社1999年版，第172页。

[③] 福州市地方志编纂委员会编：《福州马尾港图志》，福建省地图出版社1984年版，第294页。

第七章 三明码头

三明主要有沙溪、金溪、尤溪航道。沙溪航道有东山渡、安砂渡口、永安燕江码头等；金溪航道有蛟湖渡、三涧渡、泰宁梅口码头等；尤溪航道有尤溪口码头、沈福门码头等。

据明黄仲昭《八闽通志》载，明弘治年间三明渡口如表7-1所示。

表7-1 弘治年间三明渡口

地县	渡口
清流县	冯口渡、杨家渡
归化县	岩前渡
将乐县	水东桥、蛟湖渡、城南渡
尤溪县	水东渡、汶口渡、石龟渡、嵩口渡、虔村渡、溪流渡、田溪口渡、小黄渡、康济渡、沇潭渡、陈大黄渡、樟门渡、雍口渡、板溪渡、炉村渡
沙县	玉溪渡、高砂渡、黄公渡、清洲渡、龙江渡、将军渡、黄隔口渡、班竹渡、王口渡、台镜头渡、马铺渡、溪口渡、横龙渡、三原渡、管前渡、杉口渡、荆村渡、安济渡
永安县	浮流口渡、下渡、郁溪口渡、固发口渡、东关渡、童家渡、小练渡、上国巫渡、上石船渡、上板桥渡、大淘口渡、小淘口渡
泰宁县	双溪渡、青州渡
建宁县	竹洲渡、兰溪渡、枫演渡

据《道光重纂福建通志》载，清道光年间三明渡口如表7-2所示。

表 7-2 道光年间三明渡口

地县	渡口
将乐县	白沙渡、子教渡、坊前渡、漠湖渡、水东桥、城南渡、金溪渡
沙县	将军渡、仙洲渡、上城头渡、津投渡、张尖渡、斑竹溪渡、马铺渡、横龙渡、三元渡、台镜头渡、馆前渡、荆村渡、莘口渡、南山渡、黄公渡、下城头渡、渡头渡、高砂渡、玉溪渡、杨口渡、龙冈渡、湧溪渡、清洲渡、龙江渡、黄隔口渡、王口渡、溪口渡、杉口渡、安济渡
尤溪县	曲江渡、涪头渡、小王渡、沅潭渡、清溪渡、浮流渡、高才渡、嵩村渡、水东渡、汶口渡、康济渡
永安县	浮流口渡、下渡、益口渡、固发口渡、小练渡、上国巫渡、上石船渡、上板桥渡、下六渡、热水渡、大淘口渡、小淘口渡、流坑渡、东关渡、曹远渡、楼前渡、童家渡
建宁县	竹洲渡、兰溪渡、易家渡
泰宁县	双溪渡、青州渡、楚口渡、弋口渡
宁化县	东山渡、陈坑渡、留口渡、禾口渡、程步渡、马家渡
清流县	白石渡、铁石矶渡、深渡
归化县	岩前渡
大田县	大集渡、仙峰渡、溪仔坂渡、桃洲渡、汶口渡、沧洲渡

一、东山渡

东山渡在县治东偏北五里许（今宁化县城郊镇高堑村）。清李世熊《宁化县志》载，东山古渡是宁阳八景之一。渡址在东山庵前，东山庵建于明永乐年间。顺治三至五年（1646—1648）僧舍被毁，仅存佛殿。顺治七年（1650），泉州和尚虚白募捐修复，同时兴建东山桥。

东溪是沙溪在沙县境内最大的支流。东溪上的船运航道主要有3条：湖村石马渡至东山渡，船运航道里程20千米；水茜至东山渡口；中沙下沙至东山渡，船运航道里程17.5千米。

明黄槐开《东山古渡》云："溪流远抱邑之东，溪上犹存旧绀宫。僧出晓船常载月，樵归晚渡递分风。障泥屡惜嘶骄马，遗迹都忘散落鸿。因忆故人从此去，鱼书珍重碧波通。"颜献忠《东山》云："东山山下烟濛濛，低枝鹰鹤呼秋风。东山山巅少人迹，怪石嵚岩倚空碧。老僧卧起寒云间，短筇扶瘦出松关。扫石小坐花丛里，赏心未必空如此。据鞍吐气天宇清，千丈红霓万山紫。"[1]

二、蛟湖渡

蛟湖渡在将乐县南口乡蛟湖村。清代《将乐县志》载，蛟湖渡配有桥夫（渡夫）6名。金溪河畔自古是闽江上游的繁荣航段，下游通往省城福州。

蛟湖渡口是将乐县城与明溪及将乐南部交通的通道。1931年，红军曾在蛟湖建有游击队。1933年8月前后，红军控制蛟湖渡口。村民用渡船、竹排运送红军往返渡过金溪河。蛟湖村的杨氏祠堂曾成为红六师的机关驻地，于2013年列为福建省文物保护单位。

在河边古渡口码头墙上、白石洞祖

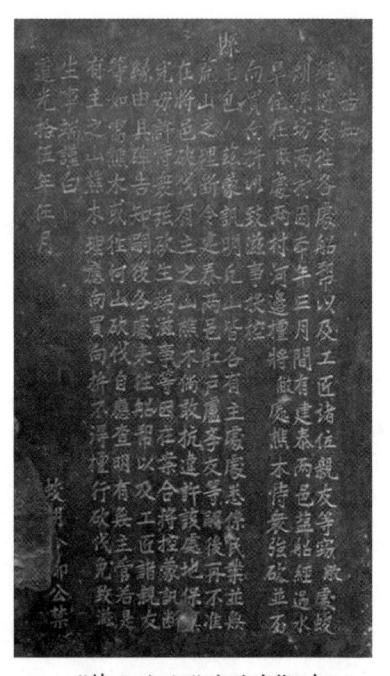

"禁止乱砍滥伐林木"碑

---

[1] 福建省三明市政协文史资料委员会编：《三明旅游诗词（上）》，海潮摄影艺术出版社2003年版，第76页。

墓边、杨氏宗祠围墙外立有清道光十五年（1835）的石碑，内容为禁止乱砍滥伐林木。

三、三涧渡

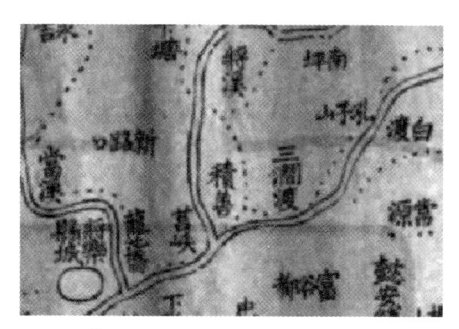

光绪《福建内地府州县总图》之三涧渡

三涧渡在将乐县。据清代《将乐县志》载，将乐县古渡口有金溪渡、蛟湖渡、三涧渡等10个，渡船13艘。其中金溪渡、三涧渡和蛟湖渡分别位于通往顺昌、沙县、明溪、建宁、泰宁等县的县际古道上。

清代，将乐人张其涵招募工匠拓宽将乐县城东面的五岐岭古道，独建三涧渡浮桥。其子捐资造三涧渡船，修复古佛堂路亭。

1934年1月，红九军团在这一带修筑了防御堡垒和阻击工事。此后红十九师、红三十四师、红六十一团修建防御工事，形成从三涧渡、积善、漠俚、下村至古佛堂纵深超过1千米的阻击防御阵地。[①]

2021年12月31日，在将乐县水南镇渡头村发掘出古代渡口遗迹，平面呈T字形，均用不规则、大小不等的青石条板、卵石铺垫砌筑而成，并出土少量古瓷器、瓦片等，判断为宋代古渡口。

四、尤溪口码头

尤溪口码头在尤溪和闽江的汇合口、闽江南岸、尤溪西岸，据

---

① 将乐县苏区工作领导小组、将乐县老区建设促进会、中共将乐县委党史和地方志研究室、将乐县革命老根据地建设办公室编：《将乐红色故事汇》，2021年版，第225页。

1989年《尤溪县志》载，设立于1925年。尤溪航道有尤溪口码头、沈福门码头、梅仙码头等。

1955年前，码头仅有石砌堤状江岸一处，可停泊闽江轮船3艘。中低水位时，轮船就停靠在离码头200米处江中巨石旁，客、货由木船驳运到岸。1955年6月，在巨石处用石块浆砌成有200

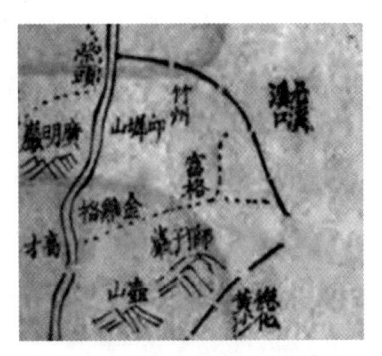

光绪《福建内地府州县总图》之尤溪口

平方米平台和50米长堤岸的外码头，可停泊轮船5艘；并建一条高1米、宽1.5米的石砌大路与内码头连接，同年12月完工。1957年9月至12月，又将石路垫高0.5米，增宽1米，路面覆盖水泥砂浆，可通板车和小型拖拉机。1973年9月，福建省航管局投资12万元，把外码头平台扩建到400平方米，可停泊6艘轮船，并建一座钢筋混凝土结构的售票处和旅客休息室，面积115平方米。

《尤溪县志》载，1934年1月11日，红三军团第四师挺进尤溪，协助红十九师攻打尤溪县城。当年7月，红七军团军团长寻淮州率领北上抗日先遣队，经本县街面、古迹口、坂面、洋中，由尤溪口北上。8月11日，红九军团军团长罗炳辉率部从大田入本县街面，经七口、梅营到尤溪口，截获了卢兴邦部从福州运来的500箱日本炸药。尤溪口不同位置有3块大理石石碑：红军北上抗日先遣队东渡闽江渡口遗址、红九军团尤溪口尤墩战役遗址、东方军尤溪口阻击战遗址，记载红军当年在尤溪口"三战三捷"的历史。

五、安砂渡口

安砂渡口在永安市安砂镇，是个天然形成的河滩。安砂在九龙溪中段，燕江、沙溪上游。安砂历史上曾是九龙溪的重要渡口埠头，早年许多安砂人放排卖竹木、山货，都是经水路往延平府、福州府等地做生意。

安砂渡口是当年红军通往闽西苏区的重要渡口，红军曾在此强渡九龙溪，攻占安砂。据《安砂镇志》载，1932年1月，红十二军三十六师一部在安砂渡口与敌展开激战，歼灭驻守永安安砂水碓、吉头的两股敌军。1970年代，红军渡口旁，福建省安砂水电厂工程竣工发电。2011年，安砂渡口战斗遗址被列为第三批市级重点革命历史遗址遗迹文物保护单位。安砂渡口的河岸边景观石上刻着"红军渡口，红军万岁"。

第八章　宁德码头

据《淳熙三山志》载，宋代宁德有飞泉渡、西碧渡、程党渡、西溪渡、金溪渡、埔溪渡、金垂渡、深浦渡、赤鉴门渡、安乐渡、深浦渡。据明黄仲昭《八闽通志》载，明弘治年间宁德渡口如表8-1所示。

表8-1　弘治年间宁德渡口

地县	渡口
寿宁县	东山渡、石井义渡
福宁州	饭溪渡、盐田渡
宁德县	溪口渡、西溪渡、飞鸾渡、溪南渡、东墙渡、童境渡、青崖渡
福安县	栖云渡、填头渡、坂头渡、长汀渡、富春渡、龙潭渡、高家渡、任家渡、白沙渡、滩头渡、下邳渡、水北渡、宦家渡、简崎渡、苏江渡、澄头渡、湖塘渡、岩湖渡、白石渡、黄崎渡、武溪渡

据《道光重纂福建通志》载，清道光年间宁德渡口如表8-2所示。

表8-2　道光年间宁德渡口

地县	渡口
古田县	杨头渡、清潭渡、溪山渡、万安渡、紫桥渡、通津渡、临洋渡
霞浦县	饭溪渡、沙井渡、杯溪渡、鸾崎渡、盐田渡
福鼎县	流江渡、钓溪渡、澳腰渡、店头渡、后胆渡、水北渡、关盘渡、小巽渡、狭同渡、店下渡、牛屎墩渡、屯头渡、八尺门渡、石龟渡

续表

地县	渡口
福安县	南门渡、富溪渡、栖云渡、高家渡、洋尾渡、长汀渡、龙津渡、白石渡、湖塘渡、隘口渡、竹港渡、武溪渡、水北渡、任家渡、白沙渡、廉村渡、官洋渡、青草渡、大梅渡、简崎渡、苏江渡、黄崎镇渡、滩头渡、下邳渡、鹿湾渡、富春渡、填头渡、坂头渡、宦家渡、水田渡、澄头渡、岩湖渡
宁德县	金龟渡、溪陂渡、飞鸾渡、东墙渡、埔门渡、北溪渡、所前渡、铜镜渡、金乘渡、西溪渡、溪头渡、溪尾渡、柜州渡、蓝田渡、青岩渡
寿宁县	钱塘渡、龟潭渡、上杭渡、斜滩渡、南澳渡、正阳渡、西塘渡、成天渡、武曲渡、溪口渡

据 2016 年《宁德市交通运输志》载，1987 年宁德地区吞吐量万吨以上港口有 21 个，有码头泊位 79 个。

一、赛岐码头

赛岐港在福安市赛岐镇，在福安溪、穆阳溪、茜洋溪汇合的三江口下游、赛江东岸，包括赛岐和下白石两个作业区。据 1998 年《宁德地区志》载，赛岐港于唐朝末年开港。

1930 年代，闽东各地货物多由赛岐码头进出。1934 年，福建省政府在这里设立了福建省建设厅茶业管理局办事处和中国茶叶公司福建办事处赛岐包运管理栈。[1] 白琳工夫兴起于 1850 年代前后，产地主要在白琳镇和相邻的点头镇，主要从福安赛岐码头、福鼎沙埕港码头、福州马尾等口岸出口。[2]

---

[1] 李建民：《品读福安》，云南大学出版社 2011 年版，第 319—320 页。
[2] 陈勇光：《闽茶夜话》，海峡文艺出版社 2012 年版，第 34 页。

1945年2月，福安赛岐码头工会和船民工会在中共福安县委领导下，在溪潭截获闽东七县军统特务头子的私盐400余担，运回赛岐。1951年，占厝帮、外塘帮、上街帮3个行帮的96名码头搬运工人组织成立赛岐搬运站。1953年购置板车投入生产。1962年设计制造一台简易木质码头吊杆机，全年装卸搬运量1.1万吨，产值18.98万元。1967年试制成功水上方舟吊杆机。1968年使用码头吊车。1969年有汽车1辆、三轮摩托车12辆。1973年造出载重1吨的机动板车。1975年试制煤炭输送机。1978年制成重物资平板车。1979年喂砂机制成投产。80年代以来，赛岐港货物吞吐量剧增，1984年经省政府批准，辟为国轮外贸物资装卸点。港区码头除了有赛岐搬运公司外，还有下白石搬运社及罗江、甘棠等副业搬运队。1987年，港区有各式装卸机械56台。

旧时赛岐的码头集中在北大街和中兴街（1960年代后合称和平街）的临江处。如今，赛岐港区码头有3个，确保长溪内河到白马港航道的运行。赛岐民船码头在和平街江边，沿用历史上的旧码头，上游各溪河下来的民船多在此停泊；赛岐港务货运码头修建于1960年代，由3个码头组成，初为客货两用，1978年后改为货运专用；赛岐客运码头在赛岐下港，1978年建成使用，为闽东轮船公司专用码头。

二、金垂渡

金垂渡在霍童溪入海口处，在蕉城区东北八都镇东南金垂村口。宋梁克家《淳熙三山志》载，宁德熙宁有金垂渡。明清时，金垂渡是宁德前往福安县和福宁府城最重要的渡口，在古六都境内。乾隆年间，设渡夫11人。

明嘉靖四十一年（1562），戚家军过金垂渡，进入县城，调张谏部一支驻守金垂渡。[1] 戚继光题诗《宁德平》："孤城已复愁还剧，草合通衢杂薛痕。废屋梁空无社燕，清宵月冷有悲魂。"[2]

金垂渡属官渡，设立以来，所有工食、船只等事务一直是由宁德县公出。清初迁界展复之后，地方责令附近里民担负供应金垂渡工食、船只修造等事，贫民难以支给钱粮，里长陈情到县，乞将金垂、东墙二渡工食、船只拨归于金鳌渡户统一经营，免除六都里民捐赔。经过县、州（府）、省三级审议，勒石各渡头。如今仍存有清雍正十三年（1735）所刻的《嵇侯详宪功德碑——奉宪饬拨金垂东墙二渡统归金鳌渡户办理记》。

道光《福建全省总图》之金垂

明谢肇淛《游霍童记》云："从金垂渡右折而登岭，路颇崎嵚，历水漈至铜镜，凡渡水者四，涉水者三，日崦嵫矣，抵霍童村憩焉。……"

明闵文振诗云："金垂渡口风波平，小舟掷度如鸥轻。两岸青山入秋色，白云红树绕江亭。"明林爱民诗云："金垂多人家，半已没回禄。远自隔林望，惟余四五屋。五屋何奔忙，徒器匿山谷。草□□监商，水际正交剌。旌帜张蔽天，羽箭飞织目。我闻胆为落，征车欲回毂。翻思民食系，公禁亦太酷。官监价三倍，私监苦拘束。贱夫失其利，所以盗是速。巡检有兵名，谁何至剿捉。太宗应纵囚，仲尼且微服。举手招渡夫，泛泛江水绿"。

---

[1] 范中义：《戚继光评传：继往开来的军事家》，广西教育出版社1996年版，第37页。

[2] 《戚继光研究丛书》编辑委员会、蓬莱旅游度假区管理委员会编：《戚继光研究论集》，华文出版社2001年版，第216页。

三、飞鸾渡

飞鸾渡在蕉城区二都飞鸾岭下。明黄仲昭《八闽通志》载，飞鸾渡设立于宋代，形如飞鸾展翼。

飞鸾渡作为旧时飞鸾地区重要的水路码头，屡经兴废。过去福州商人由罗源起步岭过大安岭，至飞鸾下船。北宋熙宁年

《浙江福建沿海海防图》之飞鸾渡

间（1068—1077），设渡子15人，与侯官大目渡人员相当，成为当时福州府所辖八县中渡子最多的两个渡口。熙宁七年（1074），在飞鸾渡附近设飞泉驿。绍兴三十年（1160），因飞鸾、三都洋面风高浪急，飞鸾渡禁止旅客过渡。明初设置4条渡船，行驶于福宁州城、福安县之间。飞鸾有溪桥，从三江沿至福宁、福安，昔为官渡，后因海寇而废，万历初年设置私渡。清初，宁德县衙废除私渡，重新开通了两条渡船。乾隆十年（1745），福宁知府董启祚又增设两条渡船。光绪二十六年（1900），在飞鸾添设税关，对过往船只征收税务。《三都澳海关十年报（1902—1911）》载："从这里运往福州市场的大宗茶叶都是从陆路经飞鸾与连江转去，或者由两三艘轮船从海上运去。"

《海岛礁屿和沿海水途》载："又西南绕于福宁府，内港所入，为松山塔，为大金，为罗湖，外逾青屿而西为东冲，其内港所入为宁德

之飞鸾渡。"《闽海握要图说》载："西为东冲，其内港所入，为宁德县之飞鸾渡。"

李拔《过飞鸾渡》云："几度骖鸾过玉津，长风吹送海潮频。沧桑转眼寻常事，何自胸中着纤尘。"[1] 赵之谦《四更发飞鸾渡作》云："百八十里飞鸾渡，待四更发无人催。溪声渐远识潮上，柂尾忽明移月来。高卧犹能忘试险，薄游休更说通财。"[2] 黄棘《送章元德司理罢官归永嘉》云："送君北门孤，遥望东瓯路。峨峨白鹤岭，渺渺飞鸾渡。……"[3]

古舆地图和航海图中，明嘉靖《筹海图编》、清雍正《海图闻见录》、道光《七省沿海全图》、道光《闽海握要总图》、道光《福建全省总图》、清代《浙江福建沿海海防图》都描绘了飞鸾渡。

四、东墙渡

道光《福建全省总图》之东墙渡

东墙渡在七都镇七都村、宁德通往福安县和福宁府城的重要道路上，在七都溪入海口处，原104国道七都桥头一带，原属六都，旧设有东墙公馆与东墙土堡。海潮入县境有5处，其中包括东墙渡、金垂渡。明弘治《八闽通志》载有东墙渡。

清初，东墙渡水上交通管理和修

---

[1] 福州地方志编纂委员会整理：《清乾隆＜福州府志＞艺文志续编》，海风出版社2007年版，第197页。

[2] [清]赵之谦著，戴家妙整理：《赵之谦集（第1册）》，浙江古籍出版社2015年版，第25页。

[3] 张一平、张胜南：《温州诗歌史》，浙江人民出版社2013年版，第199页。

造渡船的事务，与金垂渡一起转由金鳌渡船户负责。在近代地质学家章鸿钊所编的《古矿录》中记载："宁德县莆岭在县东北二十余里，志云，岭下有东墙渡，通宝丰银场。"

五、铜镜渡

铜镜渡在八都铜镜村。清乾隆年间，设渡夫11名。

铜镜渡是福安往福州陆路上的第一个渡口。杜臻《粤闽巡视纪略》载："由邑南门黄土岸陆行过铜镜，渡金垂河，历溪漓，至闽坑，接福安境，则为初迁内地之界。"七都镇北溪渡北侧，有一条莆岭古道，是福温古道的一条支路，它在铜镜村分为两条路，其中一条路经过铜镜渡到达福口，再经八都镇洋头、闽坑等村到达福岭头垭口。

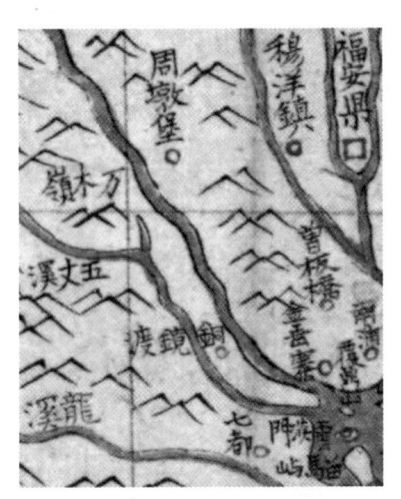

康熙《皇舆全览图》之铜镜渡

明陈宇《铜镜渡》云："渡口泥深落涨痕，千年古迹尚今存。傅疑俗调歌桃叶，坐滞愁怀据竹根。拍岸海声横济恐，向昏人语近争喧。金梁玉柱无消息，日月东西几吐吞。"清陈从潮《铜镜道中》云："望中村落景参差，秋色苍茫欲暮时。野渡残潮停客骑，人家斜日晒鸬鹚。溪流应似乡心急，岭树犹遮归路迟。鸡犬竹篱茅店近，萧萧风露息驱驰。"[1]

---

[1] 黄平生主编，宁德市诗词学会编：《山风海韵：宁德市诗词学会会员作品集》，海峡书局2017年版，第184页。

六、金鳌渡

金鳌渡亦称青云渡，在蕉城区东湖市场一带。《方舆汇编·职方典》载有金鳌渡。原城关北侧的小东门河，因接纳东湖湖水，在古代曾经是相当繁华的水道，名为金鳌河。清乾隆三年（1738），宁德城关金鳌渡至府城（霞浦）航线上，官设渡船两艘，朝发夕至，每航次乘客多达百余人，拥挤不堪，极不安全。知县阎伟规定每航次载客以36人为限，乘客称善。

《嵇侯详宪功德碑——奉宪饬拨金垂东墙二渡统归金鳌渡户办理记》中提到了金鳌渡，水路客运主要通往福宁府城一带。金鳌渡户靠收取渡钱来补贴工食、船只等费用。旧时渡口船只云集，诗人题诗宁川十景"鳌桥舣棹"。如今，东门兜即八一五路与环城路交界处一带，有船头街、霍童埠头地名留存。

刘廷珍《鳌渡人声》云："金鳌渡直达东城，小舟渔艇争泊其外，在耐庐之东。海上有六鳌，此渡或其尾，潮来万船喧，何处觅一苇？"[①]

七、水北渡

水北渡又称第一渡，在十八都、福鼎流桐山溪上游，是闽浙两省的交通要津。《方舆汇编·职方典》载有水北渡。

如今，在桐江水北桥桥头，立有清乾隆元年（1736）的"奉宪永禁"碑。同年，包融任芦门司巡检，在水北溪设渡，招募渡夫一名："遇水时客商到渡务须随到随开，不许借口推诿；遇水时客商过渡，毋许勒索分

[①] 黄平生主编，宁德市诗词学会编：《山风海韵：宁德市诗词学会会员作品集》，海峡书局2017年版，第200页。

文；遇水发有紧急差使即渡，毋许怠惰偷安；水退时即将船锁进船厂，毋使船身雨淋日晒；无水时不得借人装运货物，以致渡船损漏。"

八、三都澳码头

三都澳码头在宁德市东南部的三都澳。清光绪二十四年（1898）三都澳口岸对外开放后，英国人修建了杂货码头和油码头，美国人也修建了油码头。19世纪末20世纪初，岛上建有美孚、德士古、亚细亚等油库。此后英、美、德、日、俄、荷、瑞典和葡萄牙等24个国家在此修建泊位，设立办事处或代表处。中国的轮船公司和中央、交通、农民三大银行也在此设立分公司或分行。1899年5月，三都澳设立福海关，是继漳州海关、闽海关、厦海关之后设立的福建省第四个海关，并修建了福海关码头。1905年，三都岛铺设了海底电缆，并设立了大清帝国电报局，形成了设施完备的商港。

《三都澳海关十年报（1899—1901）》载："三都开放以后，面貌大为改观。先前在低潮时人们要跨过几十米长的泥滩才能上岸，上岸以后除了几间破旧农舍以外，看不到其他东西。现在变样了，在靠近海关办公楼的地方修建了码头，它跨过600呎（约180米）长的泥滩，不管潮水如何涨落都能装卸货物。"《三都澳海关十年报（1912—1921）》载："海关海堤和码头经常被台风所破坏，1914年几乎重新修建过，1920年又修了一次。"

抗日战争前，三都澳为大半个中国供应美孚石油和其他日用品，澳内驳船竞渡，渔舟唱晚。抗战时，三都澳成为华东抗日物资集散地之一。

第九章 南平码头

据明黄仲昭《八闽通志》载，明弘治年间南平渡口如表 9-1 所示。

表 9-1 弘治年间南平渡口

地县	渡口
建安县	天堂渡、骖鸾渡、梅川渡、铜场渡、三圣渡、蛟潭渡、沙溪渡、川石渡、三门渡、下房村渡
瓯宁县	岩头渡
浦城县	陂下渡、游辣溪渡、九石渡、水北渡、西桥渡
建阳县	童游渡、后山渡、马铺渡、麻沙渡、南岸渡、富石渡、长滩渡、溪口渡、神前渡、亭村渡、南林渡、将口渡、酊口渡、上角渡、沅尾渡、潭头渡
松溪县	新兴渡、龙津渡、溪乾渡、水南渡
崇安县	赤石渡、梅溪渡、石鼓渡
政和县	瀛口渡、官陂渡
南平县	湖头渡、沙口渡、橘舟渡、岳溪渡
顺昌县	余坊渡、东渡、西渡、灌站渡
邵武县	密溪渡、吴屯渡、新屯渡、水口渡、洒口渡、黄溪渡、绣溪渡、义渡、中和渡、危家渡、樵溪渡
光泽县	东渡、大贩渡、镇岭渡、崇仁渡、茶富渡

据《道光重纂福建通志》载，清道光年间南平渡口如表 9-2 所示。

表 9-2　道光年间南平渡口

地县	渡口
南平县	吉溪渡、湖头渡、沙溪口渡、橘溪渡、岳溪渡、埂埕渡、白沙渡、延安渡、南雅渡、秋竹渡、下吴渡、王埠头渡、安济渡、余溪渡、葫芦山渡、九里潭渡、大溪头渡、萧州渡、江氿渡
顺昌县	余坊渡、馆驿前渡、灌站渡、莒口渡、早屯渡、石湖渡、张墩渡、大幹渡、富文渡、东渡、西渡
建安县	黎山渡、天堂渡、骖鸾渡、梅川渡、钟山渡、大蓬渡、青州渡、沙溪渡、铜场渡、蛟潭渡、三圣渡、川石渡、三门渡、上房村渡、下房村渡
瓯宁县	北津渡、岩头渡、杨墩渡、白马渡、北坪渡
建阳县	同由渡、南岸渡、阜石渡、瀛洲渡、长滩渡、溪口渡、后山渡、马铺渡、麻溪渡、潭头渡、上角渡、沆尾渡、神前渡、亭村渡、将口渡、酎口渡、南林渡
崇安县	赤石渡、梅溪渡、草桥渡、石鼓渡、黄柏渡、星村渡
浦城县	九石渡、陂下渡、游辣溪渡、水江渡、铺前渡、渡头渡、牛场渡、泗洲渡、莲花渡、中都渡、祖村渡、溪南渡、明深渡、水口渡、书锦渡、观后渡、靖安二渡
松溪县	大坼渡、新兴渡、溪乾渡、龙津渡、水南渡、东平渡
政和县	西门渡、瀛口渡、官坡渡、西津渡
邵武县	危家渡、官墩渡、龙潭渡、吴屯渡、密溪渡、贵石渡、危石渡、繍溪渡、黄溪渡、义渡、水口渡、傅家坊渡、官田墟渡、玉堂渡、白沙渡、溪西渡、新屯渡、樵溪渡、中和渡
光泽县	交溪渡、大贩渡、陈家渡、崇仁渡、仙花渡、黄岭渡、茶富渡、永崇渡、汪公渡、池湖渡、石浆渡、新兴渡

据1994年《南平市志》载，1990年底全市有渡口22处，共有渡船22艘，其中木帆船10艘，机动船12艘，172.3马力；共核载748

人，有渡工67人，1990年南平渡口如表9-3所示。

表9-3　1990年南平渡口

地县	渡口
市区	延福、官沙田
西芹镇	长沙、前溪
夏道镇	大洲
太平乡	沙滩、葫芦山
樟湖镇	樟湖码头、溪口
炉下乡	斜溪
大横乡	白沙尾、更古、岩面、埂埕、大横码头、大仁洲、延安、小仁洲、湖尾
来舟镇	王富
王台乡	际洲
峡阳镇	花莲

一、观前码头

　　浦城县境内南浦溪航道从南浦门外至蒋溪口出境，有城关、观前、水北、旧馆、南岸5个码头。观前码头在浦城县水北街乡观前村南浦溪与西溪（临江溪）交汇处。据2004年《武夷山志》，观前码头在南朝就得到开发，唐代较繁华，宋代以来是浦城至建瓯一带的重要水运码头。

　　观前村旁500米河道，河深水平，建有十余个停泊处。其中6处在南浦溪西岸，分别在下坊村的谢氏宗祠下、安澜亭下、中坊村的浮桥亭下、树堂弄下和上坊村的上官亭下、下官亭下。临江溪北岸有一处，在水吉庙下面的水碓旁边。浮桥西码头是观前船只、竹筏装卸货物的主码头。观前的商业街市是围绕浮桥西码头形成的。浮桥东码头在南浦溪东岸,是一段长60余米、宽约1.5米的卵石驳岸,在驳岸南北两端,各有一段十余级的台阶,连通至溪东岸的马路。浮桥东码头的卵石驳岸能充当汛期水位的标志。南浦溪汛期时不适合放排,行船也要小心。观前的排工们有个简单有效的办法,即看南浦溪的水面是否漫过浮桥东码头的驳岸,一旦漫过,就等水位回落到驳岸以下时再重新放排。出于防洪考虑,观前村南浦溪两侧的路面高出溪面至少1米。码头和街道、路面有两种连接方式:一种是在其间修一段长度约15米的缓坡道,如南浦溪西岸和临江溪北岸的码头;另一种是修筑平行于溪流的台阶,如浮桥东码头。

观前村为中原人民入闽的重要水运码头之一,保留有大量古建筑,如沿溪古码头。观前村的兴起,源自以仙霞古道和南浦溪形成的两省重要水陆联运线。

二、延福门码头

延福门码头古称延平津,在延平区江滨中路、双剑潭岸边,晋时属延平县。唐房玄龄《晋书·张华传》载:"其后焕子佩剑渡延平津,剑跃入水,化为龙,因名剑潭。"建溪与富屯溪合流处的延福门码头一带,相传有莫邪宝剑飞入江中与干将剑会合,化为双龙,因此南平又称龙津、剑津、剑浦、剑州。《方舆汇编·职方典》载,唐时有章仙坛,开元中里人章寿得仙术,常斩蛟,延平津中有敕书碑碣记其事。

1939年,福建省公用事业局为适应轮船靠泊的需要,修建成简陋的轮泊码头。1942年重修。1958年后又先后重修4次。码头以斜坡式和缆车结构为主,有客运泊位3个、靠泊客轮的趸船1艘,另有货轮趸船1艘。客货趸船上各有专业管理人员2人。该码头拥有装卸机械8

台，最大负荷能力3.5吨，1991年改建，1994年竣工。建有吊桥1座、500客位轮泊位1个。拥有综合大楼1座，总建筑面积7144平方米，设计旅客年吞吐能力36万人次。2009年改造成延福门广场。

南平辟有3个坡岸码头：东溪小水门码头，供建溪各线船舶停泊；西溪南门头码头，供沙溪、富屯溪各线船舶停泊；剑溪延福门码头，供福州、永泰、闽清、古田、尤溪各线船舶停泊。

1924年，剑溪木船主江依书、江书发两兄弟同往香港，建成"安宁号"轮船试航。[1] 同年阴历八月十六日再次试航，第三天傍晚抵南平延福门码头。这是境内险滩河段第一艘民营轮船。

1992年，南平延福门码头库区工地出土一块清乾隆四十六年（1781）的碑刻，碑额上书"奉宪永禁"。该碑是福建布政使司奉巡抚部院部宪批，答复尤溪、大田两县26名船户，禁止延福门码头的役吏、丁头假公济私，借着办理官差和公务之机对船户敲诈勒索。此碑说明闽江上游由南平通往长汀、大田、泰宁、角堵等地均有水道，延福门码头是客货的集散地。这一带船户有尤溪和大田帮、闽侯的淮安帮、长汀的汀州帮、泰宁和角堵船队、永泰和永安等地船帮。

双剑潭岸边有"八闽屏藩，双溪锁钥"石镌楹联和项南所题"延平湖"。明代吴恭有诗："双溪城郭烟霞上，万户楼台锦绣中"。双溪楼在延平城中心富屯溪与建溪汇合处，原名延平阁，宋代辛弃疾留下了《水龙吟·过南剑双溪楼》和《瑞鹤仙·南剑双溪楼》词二首。

1645年12月，郑成功随隆武帝溯江而上来到延平府城，从延福门码头登岸。[2] 2015年，在"纪念郑成功从戎370周年暨两岸（南平）郑成功文化交流活动"中，两岸同胞在延平城重走成功之路，考察了延寿楼（郑成功军事指挥所）、闽江起点延福门等。

---

[1] 福州市交通局编：《福州交通志》，福建人民出版社1988年版，第273页。
[2] 卢美松：《福州通史简编》，福建人民出版社2017年版，第334页。

唐胡曾《咏史诗·延平津》云："延平津路水溶溶，峭壁巍岑一万重。昨夜七星潭底见，分明神剑化为龙。"① 唐黄滔《浙幕李端公泛建溪》云："越城吴国结良姻，交发芙蓉幕内宾。自顾幽沈槐省迹，得陪清显谏垣臣。分题晓并兰舟远，对坐宵听月狖频。更爱延平津上过，一双神剑是龙鳞。"② 宋喻良能《南剑道中》云："桂树青青百里疆，鹧鸪啼彻午阴凉。延平津上峰如削，剑去江空水自长。"③ 明林鸿《经延平津》云："昔人双宝剑，经此化神物。晋室已寥寥，剑光犹未没。红缠斗牛气，黑漾蛟龙窟。千里一寒流，驰波向溟渤。玄化杳莫测，沴气闭复开。有时潭水上，白日飞云雷。伊余探灵异，狂歌负奇怀。回船向明月，浩荡秋风杯。"④

三、通济门码头

通济门码头也称通济码头，在建瓯市芝城镇、闽江支流建溪上游，南浦溪和松溪汇合口。据2004年《南平地区志》载，唐贞元年间（785—805），芝城港有临江、通济、东仙等码头。以通济门码头为中心，上有水西柴竹炭码头，下有柳坑码头和松溪口茶叶码头。共有6个作业点，港口呈丫字形，单岸设泊，岸线长5千米。

通济门码头原是自然驳岸。1920年，日本商人左木惠三押两船面粉、火柴等日货至通济门码头，被群众抵制烧毁。1929年，建瓯驻军旅长卢兴明向当地盐商捐款，兴建通济门码头，长83米，有泊位4个，

---

① 周振甫主编：《唐诗宋词元曲全集·全唐诗（第12册）》，黄山书社1999年版，第4811页。

② 丁远、鲁越校正：《全唐诗（下）》，国际文化出版公司1993年版，第2324页。

③ [宋]喻良能：《香山集》，《钦定四库全书》卷十四，第11页。

④ [明]袁表、[明]马荧选辑，苗健青点校：《闽中十子诗》，福建人民出版社2005年版，第20页。

可供20吨级轮船及木帆船停靠，进行装卸作业。码头上建有亭子，为旅客、船工及装卸工人休息之所。[①] 在丰水期，通济门码头经常停靠从福州、南平等地开来的船只，是建瓯的主要进货口岸。

1976年，新建1号泊位，采用重力驳岸式结构，长83米，可靠泊12吨级船舶，年吞吐能力13万吨。1978年，建阳地区交通局拨款4万元，新建3号泊位，码头分上下两段，弯道弧形相接，呈马蹄形，长90米，下向左方延伸，总长100米，宽12.5米。陆上岸坡由碎石铺成，路面长60米。泊位建成后，可靠泊15~20吨级船只，年吞吐量为20万吨。1982—1984年，南平地区交通局先后拨款1.3万元，修建3号泊位上下场地。斜坡式阶梯用水泥加固。经整修延伸，靠泊点增至10个，一般水位时，30吨级船舶可靠泊装卸，丰水期时，100吨级船只可直靠码头。1985年，靠泊船只339艘，货物吞吐量25.35万吨，比1949年增加1倍。现在通济门码头系浆砌块石重力式驳岸码头，长约648米，宽12米，总面积7776平方米，有10个泊位，能靠泊60吨级的船舶，可在高、中、低不同水位装货和靠泊。

四、水南渡

水南渡在松溪县。据1992年《松溪县交通志》载，宋前有东平渡、水南渡、溪乾渡、大布渡、龙津渡。明弘治《八闽通志》载有赤石渡。清《建宁府志》载，水南渡在水南，设渡夫一名。

宋开禧元年（1205），松溪县尉林高勒石"仪令制"，文曰"贱避贵，少避长，轻避重，去避来"，共刻碑两块，分别竖立在水陆渡口码头。[②]

1943年南平境内公路渡口有6个，其中水南渡有汽船拖带渡船4艘。

[①] 本书编委会：《福建航运史（古、近代部分）》，人民交通出版社1994年版，第363页。

[②] 本书编委会：《福建航运史（古、近代部分）》，人民交通出版社1994年版，第462页。

清潘拱辰《河传·水南渡》云："水南村落，只隔长溪，也连西郭。当年浮渡，几经漂泊，岸余残铁索。孤城夜雨摧林薄，商声作，败叶纷交错。登楼一望寥廓，万山仍冥寞。"

五、大石溪渡

大石溪渡在浦城县万安乡浦潭村。大石溪因流经浦城县富岭镇，又名富岭溪，亦称东溪。后建桥名"锦江"，因颓圮改为渡。明嘉靖间（1522—1566），邑人张鉴募众复为桥。万历元年（1573），知县詹全觉将桥更名为"锦工"，又圮毁。万历三十三年（1605），里人梅一扬、苏职、吴文元重建。

"锦工"石刻

宋朱熹曾题字于大石溪石壁，因为在船上不好刻字，于是刻下"锦工"二字，墨迹犹存。淳熙年间（1174—1189），锦工石壁成为"浦城八景"之一。[1] 明成化年间（1465—1487），浦城县教谕胡昱写下《八景胜游记》，其中有"自西往东二十里，冲涛旋濑，如縠练琇莹，屹立其中，曰'锦江石壁'"。

明人有诗《锦工石壁》云："古渡萦行水一湾，山花照耀锦斓斑，考亭夫子曾游此，彩笔留书石壁间。"

六、西津渡

西津渡在政和县石屯镇西津村口松溪河岸边。码头宽20米，高十

---

[1] 高令印：《朱子事迹考》，商务印书馆2016年版，第397页。

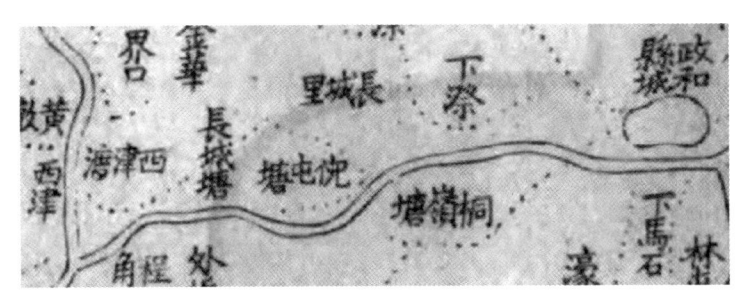

光绪《福建内地府州县总图》之西津渡

余米，临河处铺设石阶36级，为政和县重要的运输枢纽，茶叶、笋干、竹木等土特产品的集散地。明《建宁府志》载，政和县西津渡设置渡夫1人，拨银3两。

松溪贯穿松溪、政和、建瓯三县。西津渡地处松溪与七星溪汇合处，宋时有桥，名和安桥，后桥废改为渡，名为西津渡。明代设有码头牌坊。清嘉庆间，范联飞同弟联耀捐租谷50石，设义渡。嘉庆、光绪年间重修，设有船差管理渡口。①

码头楼亭面阔三间，进深三间，正中4根檐柱之内的空间为码头出入口。1965年重修，并重建码头楼亭。在西津渡码头旁，现存嘉庆七年（1802）由杨朝凤、杨瑞宗等10人同立的"禁欺诈船户"碑，以及"正堂、准水"铭文、揽绳桩石等。额题横书"抚宪示"三字，内容为巡抚部院批示建宁府、政和县查办苏连魁，要求船户遵照供纳渔课，官府等公差用船需合理酌价等事宜，给发政邑西津地方勒石晓谕。1998年移至县城飞凤山公园碑廊存放。

七、石鼓渡

石鼓渡在武夷山市崇安、武夷山之南。明弘治《八闽通志》载有

---

① 张在普、林浩编著：《福建古市镇：闽台古乡间商品市场》，福建省地图出版社2008年版，第169页。

石鼓渡。

《读史方舆纪要》载：九曲溪在"县南三十里，出县西四十里三保山，东流经大源山，合诸溪水历武夷群岫间，萦纡九曲，出石鼓渡，合于大溪"。

明高尉《游武夷山记》云："明武夷山水之奇甲于闽中，予每切登临之，想叨巡八闽，始驻崇安交代，时嘉靖壬寅冬十月朔也，明日晓发揽辔，独行至三十里石鼓渡。……"明李滉《寄余复婴炼师》云："石鼓渡头呼钓船，幔亭峰下候真仙。川原雪霁浮春色，楼阁林深锁暮烟。游市悬壶凡几日，还山服药又千年。月间旧隐金蟾迹，拟借丹炉煮石泉。"[①]

八、赤石渡

赤石渡在武夷山市崇安、崇阳溪西岸。明弘治《八闽通志》载有赤石渡。

武夷山有石鼓渡、星村渡、兴田上渡、赤石渡、城村上渡等渡口。至1993年止，境内尚有水东门渡、赤石渡、公馆渡、城村上渡和兴田渡仍在使用，其中水东门渡和赤石渡已换成钢制船，其余为木质船。崇阳溪是武夷山市区的水路要道，赤石村9个码头沿溪分布。闽江下游或闽南粤东客商常走水东渡、赤石渡、星村渡、曹墩渡、城村渡、下梅渡。如今在赤石古镇码头客栈墙壁上，还贴着"水陆平安"联语。

传说，南宋朱熹当年赶往江西鹅湖

道光《福建全省总图》之石鼓渡

[①] [明]蓝仁：《蓝山集》，《钦定四库全书》卷四，第19页。

书院讲学，乘舟过赤石渡口，上岸后便来到通仙庵，写下"鸢飞戾天，鱼跃于渊"。后人重修通仙庵时，把诗中"鸢飞"与"鱼跃"4个字刻在通仙庵左右两道侧门的匾额中。

皖南事变后，新四军在赤石渡活动。1951年12月，上海电影制片厂在溪面和赤石古街上拍摄电影《上饶集中营》中赤石暴动的场景。

九、九石渡

九石渡又名九十渡，在浦城县水北街、南浦溪东岸，距县城20余千米，因其东面依靠九石山而得名。明弘治《八闽通志》载有九石渡。

沿金斗山麓，顺南浦溪南下，有一段长约5千米的溪面，水流平缓，附近有九石山和九石滩，九石渡因此得名。

明洪武年间，浦城知县徐瓒《过九石渡》云："傍溪行处有人家，石磴崎岖日易斜。归鸟投林依晚树，行人唤渡立晴沙。停鞭马上吟秋色，荡桨船头看浪花。我有平生山水兴，一官犹得近烟霞。"[1] 南朝江淹为吴兴（今浦城）县令时，游浦城九石渡作《赤虹赋》。

---

[1] 徐肖剑主编：《大武夷千家诗联选》，华文出版社2009年版，第93页。

参考文献

[1] 泉州市交通局. 泉州市交通志 [M]. 上海：学林出版社，1998.

[2] 泉州学研究所. 泉州学与地方学研究 [M]. 厦门：厦门大学出版社，2016.

[3] 泉州海关. 泉州海关志 [M]. 厦门：厦门大学出版社，2005.

[4] 福建省福州市地方志编纂委员会. 福州市志 [M]. 北京：方志出版社，1998.

[5] 福州市交通局. 福州交通志 [M]. 福州：福建人民出版社，1988.

[6]《闽安镇志》编纂委员会. 闽安镇志 [M]. 福州：福建人民出版社，2010.

[7] 黄荣春. 福州市郊区文物志 [M]. 福州：福建人民出版社，2009.

[8]《福州市郊区志》编纂委员会. 福州市郊区志 [M]. 福州：福建教育出版社，1999.

[9] 宁化县志编纂委员会. 宁化县志 [M]. 福州：福建人民出版社，1992.

[10]《宁德市交通运输志》编纂委员会. 宁德市交通运输志 [M]. 福州：福建科学技术出版社，2016.

[11] 霞浦县地方志编纂委员会. 浦县志 [M]. 北京：方志出版社，1999.

[12] 宁德地区交通局. 宁德地区交通志 [M]. 厦门：鹭江出版社，1997.

[13] 福建省福鼎县交通局. 福鼎县交通志 [M]. 1991.

[14] 福鼎市地方志编纂委员会. 福鼎县志 [M]. 福州：海风出版社，2003.

[15] 南平市志编纂委员会. 南平市志 [M]. 北京：中华书局，1994.

后　记

　　码头是供船舶安全进出和停泊的运输枢纽，也是水陆交通的集结点，承担着交通、交流、交易的重要功能。福建各地码头反映了当地水上运输、交通、水利设施、桥埠建筑等历史信息，是福建海上丝绸之路的历史遗存，有深厚的文化底蕴和绵长的历史传承，也是海外交通史的典范和实证。例如郑和下西洋时曾在福州登文道码头设祭开洋；五通渡头是厦门岛东北部的交通要津和海防重地。码头是"一带一路"的重要节点和载体，是东西方文化交汇撞击的窗口，在历史上一直参与了世界现代化进程和世界文明秩序重构，吸纳了东西方共同创造的文明成果。如今，我们更应立足于世界文明交融与国际格局的演变调整，挖掘码头的文化精髓，搭建多元文化互通互融平台，使其在文化"双创"中发挥应有的贡献。

　　本人从2021年开始动笔，在图书馆查阅各种资料，为各码头搜集古地图、古海图等图片，并专程前往一些码头拍摄了它们的新貌。本书的编写人员还有集美大学航海学院初良勇、柴田。第一至七章由本人编写，第八章由初良勇编写，第九章由薛晗、柴田编写。希望本书的出版能够为福建码头历史文化的传承贡献绵薄之力。由于篇幅有限，不能对各码头一一详细介绍，对此感兴趣的读者可以按图索骥，进一步探寻这些码头背后蕴藏的历史与文化价值。

　　本书被列入2022年度福建省社会科学普及出版资助项目，特别感谢福建省社会科学界联合会的支持。

　　本书中的不足之处，敬请读者指正。

薛　晗

2023年5月